AF415370

ספר
עֵץ חַיִּים
לרבינו
חַיִּים וִיטַאל זַ"ל
שֶׁקִּיבֵל מִמָּרָן הָאֲרִ"י זלה"ה
שַׁעַר הָעֲקוּדִים
שַׁעַר ו' פֶּרֶק ד'
דכ"ו ע"א – דכ"ו ע"ב

תש"פ
SimchatChaim.com

בהוצאת
שִׂמְחַת חַיִּים

בס"ד

הקדמה

ירפא ה**מאציל ו**יושיע ה**בורא את כל חולי בני ישראל, וישלח להם רפואה שלימה, רפואת הנפש ורפואת הגוף, בכל אבריהם ובכל גידיהם לעבודתו יתברך.

בי"ב במנחם אב תשס"ה, הובהלתי לבית החולים, הרופאים לא נתנו לי סיכוי לחיות יותר מכמה שעות בגלל מספר תסבוכות. עם כל זאת בזכות התפילות של בני ישראל הקדושים, ברחמיו הרבים, ריחם עלי הקדוש ברוך הוא, ונשארתי בחיים.

עם כל זאת, הובחנה אצלי מחלה קשה בכליות, ונאמר לי שהצטרך למכונת דיאליזה. בשבילי זה היה שוק!!! אף פעם לא הייתי אצל רופא, או בבית חולים. כך בעל כרחי התחברתי למכונת דיאליזה, ומכונה זאת הייתי[1] קשורה בי ככלב במשך שמונים חודשים בדיוק, כמניין **יסוד**, במשך 10-12 שעות ביום.

בשבת פרשת **ויחי יעקב** י"ב טבת תשע"ב, בזכות בני ישראל, שכולם אהובים כולם ברורים כולם גיבורים כולם קדושים... וכולם פותחים את פיהם באהבה שלוש פעמים ביום, ואומרים - **ברוך אתה... רופא חולי עמו ישראל**, וכללוות כל האברכים, תלמידי הישיבות, רבנים וחכמים, חסידים, מקובלים עם תינוקות של בית רבן, זקנים עם נערים, בחורים וגם בתולות, בארץ הקודש ובעולם. ומצד שני בנות ישראל היקרות מפז, שהתפללו וקבלו עליהם כל מיני קבלות, מהפרשת חלה עד צניעות וכיסוי הראש, עם הרבנים, המנהלים, המורים, המורות **והתלמידות של בית יעקב דטורונטו** שכל יום התפללו, וכללו בתפילתם שבקעה את כל הרקיעים אותי, ונושעתי אני הקטן. הושתלה בי כליה. והתנתקתי ממכונת הדיאליזה.

אמר המלך דוד - לולי[2] תורתך שעשעי אז אבדתי בעניי. מה שנתן לי חיות היא התורה הקדושה, בשעות הרבות שהייתי מחובר למכונת הדיאליזה)כ-12 שעות ביום(, ערכתי סדרתי וכתבתי במחשב את קונטרסים שלמדתי במשך שנים. וקונטרסים אלו הפכו לחיבור, ואחרי התלבטויות ובקשות מבני גילי, החלטתי בעזרתו יתברך להדפיס קונטרסים אלו.

ידוע הוא כי כל דברי האר"י זלל"ה ותלמידו נאמן ביתו, רבינו חיים ויטאל הם סתומים וחתומים באלפי שרשראות ומנעולים, והרב ז"ל גלה טפח וכיסה אלפים אמה, וכלל דבריהם הוא משלים, עם כל זאת העוסק במשל פועל בעלמות העליונים בנמשל. לכן צריך זהירות גדולה לא להגשים את המשלים, בסוד המבואר בספר הזוהר הקדוש - **ועלייהו אתמר** ועליהם נאמר - **ארור האיש אשר יעשה פסל ומסכה וגומר, ושם בסתר, מאי בסתר** מהו בסתר - **בסתרו דעלמא** בסתר העולם. **ובגין דא אמר קודשא בריך הוא לא תעשון אתי** ומפני זה אמר הקדוש ברוך הוא לא תעשון אתי **אלה"י כסף ואלה"י זהב, והכי אוקמוה חבריא לא תעשון אתי כדמות שמשי שמשמשין אותי** וכך העמידוהו החברים לא תעשון אתי כדמות שמשי שמשמשים אותי במרום, **לצייירא בסתר דילי שום ציור או דמיון** לצייר בסתר שלי שום ציור או דמיון, **דכל מאן דצייר לעיל לקודשא בריך הוא** שכל מי שמצייר למעלה לקדוש ברוך הוא, **בסתר**)**דאיהי שכינתיה, כלילא מעשר**

---

[1]

גמרא סוטה ד'"ג ע'"ב - גמרא סוטה ד'"ג ע'"ב – רבי אלעזר אומר, **קשורה בו ככלב**, שנאמר - ולא שמע אליה לשכב אצלה להיות. עמה לשכב אצלה בעולם הזה. להיות עמה לעולם הבא.

[2]

תהלים קי'"ט צ'"ב

ספיראן שהיא שכינתו, כלולה מעשר ספירות(, **שום ציור, וצלם, ודמות,** כגוונא דמצייריין בשמשין דיליה שמציירים בשמשים שלו, **נשמתיה אתלבשא בההוא צלמא** נשמתו מתלבשת באותו צלם....

וכן הוא בסוף ענף ד' דשער א' בספר עץ חיים שער ההקדמות, וז"ל הטהור - ואמנם דבר גלוי הוא כי אין למעלה גוף ולא כח גוף חלילה. וכל הדמיונות והציורים אלו לא מפני שהם כך חס ושלום. אמנם **לשכך את האוזן** לכשיוכל האדם להבין הדברים העליונים, הרוחניים, בלתי נתפסים, ונרשמים בשכל האנושי. לכן ניתן רשות לדבר בבחינת ציורים ודמיונים, כאשר הוא פשוט בכל ספרי הזוהר. וגם בפסוקי התורה עצמה כולם כאחד עונים ואומרים בדבר הזה, כמו שאמר הכתוב עיני הוי"ה המה משוטטים בכל הארץ. עיני הוי"ה אל צדיקים. וישמע הוי"ה. וירא הוי"ה. וידבר הוי"ה. וכאלה רבות. וגדולה מכולם מה שאמר הכתוב - ויברא אלהי"ם את האדם בצלמו בצלם אלהי"ם ברא אותו זכר ונקבה וגו'. **ואם התורה עצמה דברה כך** גם אנחנו נוכל לדבר כלשון הזה, עם היות שפשוטו הוא למעלה שם שאין אלא אורות דקים בתכלית הרוחניות, בלתי נתפשים שם כלל, וכמו שאמר הכתוב - כי לא ראיתם כל תמונה, וכאלה רבות. ואמנם יש עוד דרך אחרת כדי להמשיך ולצייר בה הדברים העליונים, והם בחינת כתיבת צורת אותיות, כי כל אות ואות מורה על אור פרטי עליון, וגם תמונת זו דבר פשוט הוא כי אין למעלה לא אות ולא נקודה, **וגם זה דרך משל וציור לשכך את האוזן** כנזכר.....

ולכן כל המבואר כאן בחיבור זה הוא כדי **לשכך את האוזן**. והתרשימים שבסוף החיבור הם כדי **לשבר את העין**, לכן אין שום ביאור והסבר שלם, ואין שום תרשים שלם בתכלית השלמות.

ידוע כי[3] דברי תורה עניים במקומן ועשירים במקום אחר, **ועל אחת כמה וכמה** בדברי הרב ז"ל, שכל סוגיה חסרה[4] במקומה, וחלקיה מפוזרים במקומות אחרים. **זאת ועוד** הרב ז"ל מערבב בדרוש אחד כמה וכמה סוגיות, כאשר בפשטות דבריו נראה שכל הדרוש הוא דרוש אחד, ולא מחולק לסוגיות שונות, ושמועות שונות, **ביאור** דברי הרב ז"ל כאן הם **בעומק, והוא בעצם ליקוט** עד איפה שידי הקצרה הגיעה, מכל חלקי ספר עץ חיים, ושמונה השערים המצויינים לרב ז"ל, מבוא שערים ושאר ספרי הרב ז"ל, והוא גם על פי הקדמת רחובות הנהר למרן הרש"ש, דרושי פנימיות וחיצוניות, דרוש הדעת, סוגיות ערכין, סוגיות דכללות והתכללות, פרטות וכללות, וסוגיות עובי ואורך, ועל פי ביאור גדולי רבותינו חכמי המקובלים לדורותם זלה"ה זי"ע.

ידוע כי[5] אין בר בלי תבן, כך אין ספר בלי טעויות, ועוד יודע אני כי דל ועני אני, **ואין**[6] **עני אלא בדעה.** לכן מבקש אני בכל לשון של בקשה אם יש לכל אחד שאלות, הערות, הארות, תיקונים, נא לשלוח ל - <u>book@simchatchaim.com</u> והשתדל לענות, ולתקן את הצריך תיקון.

בברכה והצלחה בלימוד התורה הקדושה

ובעיקר בפנימיות התורה, תורת האר"י החה"י.

ורפואה שלימה לכל חולי ישראל.

אח"י

---

[3] **גמרא ירושלמי, ראש השנה פ"ג הלכה ה' די"ז ע"א** – דברי תורה עניים במקומן, ועשירים במקום אחר.

[4] **תורת חכם דע"ב ע"ב** – חסר לשון הוא, כמו שיראה המעיין.

[5] **גמרא ברכות נ"ה א'** - מה לתבן את הבר נאם ה', וכי מה ענין בר ותבן אצל חלום, אלא אמר ר' יוחנן משום ר' שמעון בן יוחאי, כשם שאי אפשר לבר בלא תבן, כך אי אפשר לחלום בלא דברים בטלים.

[6] **גמרא נדרים מ"א ע"א** – אין עני אלא בדעה .

ב"ה

הקדמה קצרה לחיוב לימוד תורת הקבלה

ישמחו **ה**שמים **ו**תגל **ה**ארץ ירעם הים ומלאו. שזכינו בדור שלנו שפנימיות התורה, שהיא היא תורת הקבלה, מתפשטת לכל, וכל מקום בעולם היום לומדים בתורת הח"ן. הדור שלנו יש הרבה התעוררות ללמוד סתרי התורה הקדושה, הנקראת חכמת הקבלה. בירושלים של המאה ה18 בישיבת **בית אל** היו בקושי מנין של מקובלים, והיום תורת הקבלה מופצת בכל מקום בארץ ובעולם. לעניות דעתי אחת הסיבות העיקריות לשינוי זה הוא רצונם של בני התורה, החוזרים בתשובה ועמך לדעת את סוד החיים, למה ברא הקדוש ברוך הוא את העולם, ואת טעמי המצות, ר"ל אי אפשר היום בדור שלנו, להסביר על פי הפשט את הסיבה מדוע אסור לאכול בשר וחלב, מדוע צריך להניח תפילין, למה לשמור דווקא שבת ולא יום שלישי, אי אפשר להגיד כל הזמן **זאת גזרת הכתוב, כך רוצה הקדוש ברוך הוא**, האנשים מחפשים הסברים למצות, לסיפורי התנ"ך, לגלגולי נשמות, ועוד. ורק על ידי עסק בפנימיות התורה, אדם מסיג את ההסברים לקושיות שיש לו. **זאת ועוד** חיים אנחנו בדור של חומריות, והאנשים מחפשים את רוחניות שבחיים, אז מה עושים, נוסעים למזרח, להודו, סין, תאילנד למצוא רוחניות, ולא יודעים **ששורש כל הרוחניות בעולם נמצאת בתורה הקדושה**, עם כל זאת כאשר הלומד את פשט התורה, **הוא לא מכיר** את הקדוש ברוך הוא, והוא בלי יראת שמים ושמחה אמיתית. כותב הרב המקובל האלוה"י רבינו יהודה פתייה בפרושו הנפלא על עץ חיים - כי לימוד עץ חיים הוא עמוק מאד מאד, כי הוא **מים שאין להם סוף**, והוא קשה מאד גם לחכמים ההוגים בו תמיד, וכל שכן למתחילים. כי הוא חזק מצור, וקשה מברזל, שאי אפשר לחצוב ממנו מאומה, אם לא על ידי כלי מחצב חזקים כציפורן שמיר. וכל המתחיל בלימוד עץ חיים, אם לא יהיה לו רב, או לפחות איזה מפרש המפרש לו כוונת הפרק ההוא לפי פשוטו, נבול יבול, ואינו יכול לעמוד על הפרק כי אם לאחר יגיעה רבה, ושקידה עצומה, וכולי האי ואולי. כי הרבה פעמים יסבור המעיין שהבין הענין ההוא כראוי, ואחר שילמוד עוד איזה פרקים אחרים, ירגיש כעצמו שלא הבין את פרקים הקודמים, והניסיון יעיד על זה, עד כאן דברי קודשו. עם כל זאת חייב כל אדם לעסוק בתורת ה**חיים**.

צדיק אתה הוי"ה וישר משפטיך. כתב הרב רבינו חיים ויטאל ז"ל בהקדמה לשער ההקדמות - והנה מה שכתב בתחילת דבריו, ואפילו כל אינון דמשתדלי באורייתא כל חסד דעבדי לגרמייהו וכו', עם היות שפשטו מבואר ובפרט בזמנינו זה, בעוונותינו היום אשר התורה נעשית קרדום לחתוך בה אצל קצת בעלי תורה, אשר עסקם בתורה על מנת לקבל פרס, והספקות יתירות, וגם להיותם מכלל ראשי ישיבות, ודיני סנהדראות, להיות שמם וריחם נודף בכל הארץ, **ודומים במעשיהם לאנשי דור הפלגה הבונים מגדל וראשו בשמים**, ועיקר סיבת מעשיהם היא מה שאמר אחר כך הכתוב - **ונעשה לנו שם**... והנה על הכת הזאת אמרו בגמרא כל העוסק בתורה שלא לשמה, נוח לו שנהפכה שלייתו על פניו, ולא יצא לאויר העולם. ואמנם האנשים האלה מראים תימה וענוה באמרם כי כל עסקם בתורה הוא לשמה. והנה החכם הגדול התנא רבי מאיר ע"ה העיד עליהם שלא כך הוא, באומרו לשון כללות - כל העוסק בתורה לשמה זוכה לדברי הרבה וכו', **ומגלים לו רזי תורה, ונעשה כנהר שאינו פוסק**, והולך

וכמעיין המתגבר מאליו, בלתי הצטרכו לטרוח ולעיין בה, ולהוציא טיפין טיפין של מימי התורה מן הסלע, הנה זה יורה שאינו עוסק בתורה לשמה כהלכתה, ומי זה האיש אשר לא יזלו עיניו דמעות בראותו המשנה הזאת, **ורואה חסרונו ופחיתותו**, עד כאן לשונו. לכן כל אחד צריך לטעום מעץ החיים.

חצות לילה אקום להודות לך על משפטי צדקך. כתב רבינו אליהו מני זצ"ל רבו של הרי"ח הטוב, בספרו הקדוש כסא אליהו שער ד' וז"ל - ואם זיכך הוי"ה ללמוד בחכמת האמת, הנה עצה היעוצה היא שכל סדר הלימוד בנגלה תתנהג בו ביום דווקא. **אבל בלילה תלמוד בחכמת האמת, והעיקר הלימוד אחר חצות**, כי זה הלימוד צריך ישוב דעת הרבה, וכשיקוץ האדם אז דעתו מיושבת עליו יותר. גם גה הלימוד צריך הסתר והצנע, **וכל דבר שיהיה בלילה ובפרט אחר חצות יהיה נסתר יותר מן היום**. ותעשה ועד עם החברים בבית המדרש אם הוא צנוע, **או בביתך ותלמדו בכל לילה**, עד כאן לשונו. וישב ללמוד האדם בלילה תחת עץ החיים.

קראתי בכל לב ענני הוי"ה חקיך אצרה. בהקדמה[7] לשער ההקדמות מבאר הרב ז"ל - ואמנם אל יאמר אדם אלכה לי ואעסוק בחכמת הקבלה, מקודם שיעסוק בתורה במשנה ובתלמוד, כי כבר אמרו רבינו ז"ל - אל יכנס אדם לפרדס **אלא אם כן מלא כריסו בבשר ויין**, והרי זה דומה לנשמה בלתי גוף, שאין לה שכר ומעשה וחשבון, עד היותה מתקשרת בתוך הגוף, בהיותו שלם מתוקן במצות התורה בתרי"ג מצות. **וכן בהפך** בהיותו עוסק בחכמת המשנה והתלמוד בבלי, ולא ייתן חלק גם אל סודות התורה וסתריה, כי **הרי זה דומה לגוף היושב בחושך**, בלתי נשמת אדם נר הוי"ה המאירה בתוכה, **באופן שהגוף יבש בלתי שואף ממקור חיים**, אשר זהו ענין אומרו במקום אחר ההוא הנזכר לעיל וז"ל - דאילין אינון דעבדי לאורייתא יבשה, ולא בעאן לאשתדלא בחכמת הקבלה וכו'. באופן כי התלמידי חכמים העוסקים בתורה לשמה, ולא לשמו, לעשות לו שם. צריך שיעסוק בתחילה בחכמת המקרא, והמשנה, והתלמוד, כפי מה שיוכל שכלו לסבול. ואחר כך יעסוק לדעת את קונו בחכמת האמת, וכמו שציווה דוד המלך ע"ה את שלמה בנו - דע את אלה"י אביך ועבדהו. ואם האיש הזה יהיה כבד וקשה בענין העיון בתלמוד, מוטב לו שיניח את ידו ממנו, אחר שבחן מזלו בחכמה זאת, ויעסוק בחכמת האמת. וזה שמבואר כל תלמיד חכם שאינו רואה סימן יפה בתלמוד בחמשה שנים, שוב אינו רואה, עד כאן דברי קודשו. ומזה כל אחד ואחד חייב להדבק במקור החיים.

חסדך הוי"ה מלאה הארץ חקיך למדני. בשער הגלגולים, בקדמה ט"ז כתב הרב ז"ל - עוד צריך שתדע, כי האדם צריך לקיים כל התרי"ג מצות, במעשה, ובדבור, ובמחשבה. וכמו שאמרו ז"ל על פסוק - זאת התורה לעולה ולמנחה וכו', כל העוסק בפרשת עולה, כאלו הקריב עולה וכו'. וכוונו בזה שהאדם מחוייב לקיים כל התרי"ג מצות בדבור, וכן על דרך זה במחשבה. ואם לא קיים כל התרי"ג בשלשה בחינות הנזכרות, מחוייב להתגלגל עד שישלים אותם. **עוד דע**, כי האדם מחויב לעסוק בתורה בארבעה מדרגות, **שסימנם פרד"ס**, והם, פשט, רמז, דרוש, סוד וצריך שיתגלגל עד שישלים אותם. ובהקדמה י"ז כותב הרב ז"ל, וז"ל - שהאדם **מחוייב לעסוק בתורה בארבעה מדרגות שבה**, והיא זאת, דע, כי כללות כל הנשמות

ע"ח ד"א ע"ד.

הם ששים רבוא ולא יותר. והנה התורה היא שרש נשמות ישראל, כי ממנה חוצבו, ובה נשרשו. ולכן יש בתורה ששים רבוא פירושים, וכלם כפי הפשט. וששים רבוא ברמז. וששים רבוא בדרש. **וששים רבוא בסוד.** ונמצא, כי מכל פירוש מן הששים רבוא פרושים, ממנו נתהווה נשמה אחת של ישראל, ולעתיד לבא כל אחד ואחד מישראל, ישיג לדעת כל התורה כפי אותו הפירוש המכוון עם שרש נשמתו, אשר על ידי הפירוש ההוא נברא ונתהווה כנזכר. וכן בגן עדן אחר פטירת האדם, ישיג כל זה. וכן בכל לילה כאשר האדם ישן, ומפקיד נשמתו ויוצאה ועולה למעלה, הנה מי שזוכה לעלות למעלה, מלמדים לו שם אותו הפירוש, שבו תלוי שרש נשמתו. ואמנם הכל כפי מעשיו ביום ההוא, כך באותה הלילה ילמדוהו, פסוק אחד, או פרשה פלונית, כי אז מאיר בו יותר פסוק ההוא משאר הימים. ובלילה האחרת יאיר בנשמתו פסוק אחר, כפי מעשיו של אותו היום, וכולם על דרך הפירוש ההוא אשר תלויה בו שרש נשמתו כנזכר, עד כאן דברי קודשו. ור"ל שכל יהודי ויהודי חייב להשיג את שורש נשמתו, וללמוד את סוד **החיים.**

יבאוני רחמיך ואחיה כי תורתך שעשעי. מבואר במדרש משלי - אמר רבי ישמעאל, בוא וראה כמה קשה יום הדין שעתיד הקדוש ברוך הוא לדון את כל העולם כולו בעמק יהושפט. בזמן שתלמידי חכמים באים לפניו, אומר לכל אחד מהם - כלום עסקת בתורה, אמר לו הן, אומר לו הקדוש ברוך הוא הואיל והודית, אמור לפני מה שקרית, ומה ששנית בישיבה, ומה ששמעת בישיבה. מכאן אמרו - כל מה שקרא אדם יהא תפוש בידו, ומה ששנה כמו כן, שלא תשיגהו בושה ליום הדין. מכאן היה רבי ישמעאל אומר - אוי הלה לאותה בושה, אוי לה לאותה כלימה, ועל זה ביקש דוד מלך ישראל בתפילה ובתחנונים לפני המקום ואמר - הוי"ה בוקר תשמע קולי בוקר אערך לך ואצפה. בא לפניו מי שיש בידו מקרא ואין בידו משנה, הקדוש ברוך הוא הופך את פניו ממנו, ושרי גיהנם מתגברים בו כזאבי ערב, ונוטלין אותו ומשליכין אותו לתוכה. בא לפניו מי שיש בידו שני סדרים או שלושה, אז הקדוש ברוך הוא אומר לו - בני, כל ההלכות למה לא שנית אותם, ואם אומר הקדוש ברוך הוא הניחוהו, מוטב, ואם לאו עושין לו כמידת הראשון. בא לפניו מי שיש בידו הלכות, הקדוש ברוך הוא אומר לו - בני, תורת כהנים למה לא שנית, שיש בה טומאה וטהרה, וטומאת שרצים וטהרת שרצים, טומאת נגעים וטהרת נגעים, טומאת נתקים ובתים וטהרת נתקים ובתים, טומאת זבים ולידה וטהרת זבים ולידה, טומאת מצורע וטהרתו, סדר ווידוי יום הכיפורים, וגזירות שוות, ודיני ערכים, וכל דין שדנו ישראל לא דנו אלא מתוכו. בא לפניו מי שיש בידו תורת כהנים, אומר לו הקדוש ברוך הוא - בני, חמישה חומשי תורה למה לא שנית, שיש בהם קריאת שמע, ותפילין, ומזוזה. בא לפניו מי שיש בידו חמישה חומשי תורה, אומר לו - בני, למה לא למדת הגדה, ולא שנית, שבשעה שחכם יושב ודורש, אני מוחל ומכפר עוונותיהם של ישראל, ולא עוד אלא בשעה שעונין אמן יהא שמיה רבה מברך, אפילו נחתם גזר דינם אני מוחל ומכפר להם עוונותיהם. בא לפניו מי שיש בידו הגדה, אומר לו הקדוש ברוך הוא - בני, תלמוד למה לא שנית, שנאמר - כל הנחלים הולכים אל הים והים איננו מלא, זה התלמוד, שיש בו חכמות הרבה. בא מי שיש בידו תלמוד, הקדוש ברוך הוא אומר לו - בני, הואיל ונתעסקת בתלמוד, **צפית במרכבה, צפית בגאוה,** שאין הנייה בעולמי, אלא בשעה שתלמידי חכמים יושבים ועוסקים בתורה, מציצין ומביטין ורואין והוגין המון התלמוד הזה - **כסא כבודי היאך הוא עומד. רגל הראשונה במה היא משמשת, שנייה במה היא משמשת, שלישית במה היא משמשת, רביעית במה היא משמשת, חשמל היאך הוא עומד, ובכמה פנים הוא מתהפך בשעה**

אחת, לאי זה רוח הוא משמש, הברק היאך הוא עומד, כמה פנים של זוהר נראין בין כתפיו, לאיזה רוח משמש, כרוב היאך הוא עומד, לאי זה רוח הוא משמש. **גדולה מכולם עיון כיסא הכבוד, היאך הוא עומד, עגול הוא כמין מלבן, ומתוקן הוא**, כמה גשרים יש בו, כמה הפסק בין גשר לגשר, וכשאני עובר באיזה גשר אני עובר, ובאי זה גשר האופנים עוברים, ובאיזה גשר הגלגלים עוברים. **גדולה מכולם מצפורני ועד קודקודי, היאך אני עומד, כמה שיעור בפיסת ידי, וכמה שיעור אצבעות רגלי. גדולה מכולם כיסא כבודי, היאך הוא עומד, לאיזה רוח הוא משמש, באחד בשבת לאיזה רוח הוא משמש, בשני בשבת לאיזה רוח הוא משמש, בשלישי בשבת לאיזה רוח הוא משמש, ברביעי בשבת, בחמישי בשבת, בשישי בשבת לאיזה רוח משמשין, וכי לא זהו הדרי, זהו גדולתי, זהו הדר יופי, שבניי מכירין את כבודי במידה הזאת.** ועליו אמר דוד - מה רבו מעשיך הוי"ה, כולם בחכמה עשית, מלאה הארץ קניניך. עד כאן לשון המדרש. ממדרש זה לומדים על חובת כל אחד ואחד מישראל את לימוד כל חלקי הפרד"ס, ובעיקר את בחינת הסוד שבתורה, הנקרא[8] מעשה מרכבה, ובמעשה בראשית. ומבאר הרב בית לחם יהודה על השינוי שיש בפסוקים במעמד הר סיני, בפסוק אחד כתוב - ויחן שם **ישראל** תחת ההר. ומספר פסוקים יותר מאוחר כתוב וירא **העם** וינועו מרחק. וידוע כי כאשר כתוב בתורה **ישראל**, מדובר **בבני ישראל**, וכאשר כתוב **העם**, מדובר על **הערב רב**. וז"ל הרב בית לחם יהודה - ובזוהר בהעלותך דף קנ"ב ע"א קרי להעוסקים בחכמת האמת, אינון דהוי קיימי בטורא דסיני. וז"ל - חכימין עבדי דמלכא עלאה אינון דקיימו בטורא דסיני, לא מסתכלי אלא בנשמתא, דאיהי עיקרא דכלא אורייתא ממש וכו'. ונראה בעיני אם מותר, משמע אותן שאינן יודעים סודות התורה לא עמדו על הר סיני, עד כאן לשונו. ונראה לי בביאור כי בתחילה כשיצאו ישראל לקראת האלהי"ם, היו מתייצבים בתחתית ההר, ואחר כך נאמר וירא העם וינועו ויעמדו מרחוק, כי היו יראים פן תאכלם האש הגדולה הזאת וימיתו. והיה מקצת מהעם שהיו ששים ושמחים לקראת השכינה, ולא רצו לזוז ממקומם הראשון, ולעמוד מרחוק, אפילו אם ימיתו ממש. ועליהם הוא מה שכתב בזוהר הנזכר - אינון דקיימו בטורא דסיני, כלומר ולא נעו ועמדו מרחוק, אלא עמדו בטורא דסיני מתחילה ועד סוף, ולכן הם זוכים לחכמת האמת. ואותם הנשמות אשר נעו עם העם ועמדו מרחוק, כן הם עושים גם עתה, שנסים ועומדים מרחוק לחכמת האמת מיראתם, פן תאכלם האש הגדולה הזאת. ולכן על כל אחד ואחד מבני ישראל הקדושים מחויב לעמוד תחת עץ החיים.

יראיך יראוני וישמחו כי לדברך יחלתי. בספר הזוהר הקדוש מבואר מדוע התפילות של בני ישראל לא נענות, וז"ל תיקוני הזוהר תיקון מ"ג - **בראשית תמן את"ר יב"ש** במלת בראשית יש אותיות את"ר יב"ש, **ודא איהו ונהר יחרב ויבש** היסוד הנקרא נהר יחרב ויבש ממי השפע, ואין לו מה להשפיע למלכות, **בההוא זמנא דאיהו יבש** באותו הזמן שהיסוד הוא יבש, **ואיהי יבשה** המלכות הנקראת יבשה, היא יבשה כי לא מקבלת שפע מהיסוד, אז כאשר **צווחין בניו לתתא** מתפללים וצועקים בני ישראל, **ביחודא ואמרין** וביחוד שאומרים בני ישראל **שמע ישראל** שיבא ז"א הנקרא ישראל להתיחד עם נוקבא בשעת התפילה דעמידה, עם כל זאת **ואין קול** של התפילה או הקריאת שמע שעוזרים לזיווג דזו"ן **ואין עונה** ואין מי שיענה וימלא את הבקשות בתפילתם. **הדא הוא דכתיב** וזהו שכתוב - **אז בני ישראל יקראונני**

גמרא חגיגה די"א ע"ב

בני ישראל בעת צרתם בקריאת שמע ובתפילה, **ולא אענה** ואני לא אענה אותם בתפלתם, מפני שלא לומדים ומתעסקים בפנימיות התורה. **והכי מאן דגרים דאסתלק** וכל מי שגורם הסלקות פנימיות תורת **הקבלה וחכמתא מאורייתא דבעל פה ומאורייתא דבכתב** מהתורה שבעל פה והתורה שבכתב, **וגרים דלא ישתדלון בהון** וגורמים גם לאחרים שלא יתעסקו וילמדו את חכמת הקבלה, **ואמרין דלא אית אלא פשט באורייתא ובתלמודא** ואומרים שאין בתורה ובתלמוד אלא פשט התורה, בלי פנימיות הסוד, **בודאי כאלו הוא יסלק נביעו מההוא נהר** בודאי נחשב לו כאילו הוא מסתלק את נביעת שפע החכמה והבינה מן היסוד, **ומההוא גן** ומן הנוקבא הנקראת גן, **ווי ליה** לאותו יהודי **טב ליה דלא אתברי בעלמא** טוב לו שלא היה נברא, **ולא יוליף ההיא אורייתא דבכתב ואורייתא דבעל פה** ולא היה לומד תורה שבכתב ותורה שבעל פה, כי דינו כעם הארץ שלא למד כלל, ועוד **דאתחשב ליה כאלו אחזר עלמא לתהו ובהו** שנחשב לו כאילו החזיר את העולם לתהו ובהו, ר"ל לסוד שבירת הכלים לפי שמגביר הקליפות כאשר הנהר והגן יבשים, **וגרים עניותא בעלמא ואורך גלותא** וגורם עניות בעולם ומאריך את הגלות השכינה וביאת המשיח. עד כאן דברי הזוהר הקדוש. וכותב רב חיים ויטאל זלה"ה בהקדמה וז"ל - אמנם שעשועות של הקדוש ברוך הוא בתורה, והיותו בורא בה את העולמו, היתה בהיותו עוסק בתורה בבחינת הנשמה הפנימית שבה, הנקרא - רזי תורה, הנקרא מעשה מרכבה, **היא חכמת הקבלה** כנודע אל היודעים, וטעם הדבר הוא להיותו עולם האצילות העליון מאד, טוב ולא רע, דלא יכיל להתערבא עמיה קליפה, ועליה אתמר - וכבודי לאחר לא אתן, כנזכר בספר התיקונין דף ס"ו תיקון י"ח, וכן בספר הזוהר בפרשת בראשית דף כ"ח ע"א עיין שם. ולכן גם התורה אשר שם]**אח"י** - בעולם האצילות[איננה רק מופשטת מכל לבושי הגופנים, מה שאין כן למטה בעולם היצירה, עולם דמטטרו"ן, הנקרא עבד טוב, והוא הנקרא עץ הדעת טוב מסטרא, ומסטרא דסמא"ל שהוא קליפין דיליה, **נקרא עבד רע**, כי התורה אשר שם, הם שית סדרי משנה **הנקראים שפחה** כנזכר לעיל, וכנזכר בפרשת בראשית שם דף כ"ז ע"א. ולכן נקראת משנה, לפי ששם יש שינויים הפוכים **טוב מסטרא דעבד טוב**, היתר, כשר, טהור. **רע מסטרא דעבד רע**, איסור, טמא, פסול. גם הוא מלשון כי מרדכי היהודי משנה למלך, שהיה שפחה הנקרא עבד מלך, מלך גם נקרא מלשון שינה, כנזכר בפרשת פינחס דף רמ"ד ע"ב - קם זמנא תנינא ואמר, מארי מתניתין נשמתין ורוחין ונפשין דילכון אתערו כען ואעברו שינתא מניכון דאיהו, ודאי משנה אורח פשט, דהאי עלמא ואנא לא אתערנא בכו, אלא ברזין עילאין דעלמא דאתי דאתון בהון, לא ינום ולא יישן. וזה יובן במה שמבואר יותר למעלה שם - **ורבנן דמתניתין ואמוראי, כל תלמודא דלהון על רזין דאורייתא סדרו ליה.** ונמצא כי המשנה והש"ס הם הנקרא גופי תורה. והנה דבריהם כחלום בלי פתרון, **ורזיה וסתריה הפנימים הנקרא נשמת התורה, הם הם פתרון החלום הנפתר בהקיץ**, בסוד - אני ישנה ולבי ער, וכמו[9] שאמרו חכמים ז"ל - **במחשכים הושיבני כמתי עולם, זה תלמוד בבלי**, אשר איננו מאיר אלא על ידי ספר הזוהר, **הם הם רזי תורה וסתריה** אשר עליהם נאמר - ותורה אור. ואין ספק כי כמו שהיוצר נקראת עבד ושפחה בערך האצילות, ונקרא קליפין ולבושין דחול, כנזכר בהקדמת ספר התיקונין ד"ג ע"ב וז"ל - וביומי דחול לביש עשר כתות דמלאכיא דמשמשי לעשר ספירות דבריאה. ואם כן אין לתמוה כי התורה אשר שם שהיא המשנה, תהיה נקרא שפחה וקליפין דתורה דאצילות, וזה סוד כל הבשר חציר הנזכר

---

9   סנהדרין דכ"ד ע"א.

לעיל במאמר הראשון, כי כמו שהחטה שהיא בגימטריא כמנין כ"ב אותיות התורה, הגנוזה תוך כמה קליפין ולבושין שהם הסובין והמורסן והתבן והקש והעשב, הנקרא חציר, כן המשנה אצל סודות התורה נקרא חציר, וזה נרמז בספר הזוהר פרשת כי תצא ברעיא מהמנא דף רע"ה ע"ב - **אצל רבנן ווי לאינון דאכלין תבן דאורייתא, ולא ידעי בסתרי אורייתא, אלא קלין וחמורין דאורייתא, קלין אינון תבן דאורייתא, וחמורין אינון חטה דאורייתא, ח"ט ה' אלנא דטוב ורע וכו'.** ואלו באתי להרחיב דרוש זה לא יספיקו מאה קונטרסין בלי ספק בלי שום גוזמא, האמנם החכם עיניו בראשו כי דברי אמת אני אומר, ואל יתמה האדם בראותו ספר הזוהר איך קורא אל המשנה שפחה וקליפין, כי עסק המשנה כפי פשטיה, **אין ספק שהם לבושין וקליפין חיצונים בתכלית אצל סודות התורה הנגנזים,** ונרמזים בפנימיותה כי כל פשטיה הם בעלם הזה בדברים חומרים תחתונים..... על כן על כל בני ישראל לאכול מעץ החיים.

מה אהבתי תורתך כל היום היא שיחתי. ומבאר הרב ז"ל בהקדמה לשער המצות, כי עסק לימוד פנימיות התורה הוא חלק בלתי נפרד מתלמוד תורה, וז"ל - גם בענין עסק התורה שהיא אחת מרמ"ח מצות עשה, אם לא השלים אותה, **שהוא ענין עסקו בפרד"ס התורה,** שהוא ראשי תיבות **פ**שט **ר**מז **ד**רש **ס**וד, בכל בחינה מהם כפי אשר יוכל להסיג, **עד מקום שידו מגעת,** לטרוח ולעשות לו רב שילמדנו. ואם לא עשה כן, הרי חסר מצוה אחת של תלמוד תורה, שהיא גדולה ושקולה ככל המצות, וצריך **להתגלגל** עד שיטרח הארבעה בחינות של פרד"ס כנזכר. וכן מבאר הרב בית לחם יהודה בהקדמתו הקדושה, וז"ל - ומה מאד נמלצו [**אח"**י - מלשון מליצה] בזה דברי הנביא ירמיה (סימן כ"ב) באומרו - אל תבכו למת וכו'. שהוא מדבר עם הציבור המתקבצים להספיד על איזה צדיק הנפטר רח"ל, על שנחסר צדיק אחד מהדור שהיה מנין בזכותו עליהם. וקאמר להו הנביא אל תבכו וכו', **לפי שרובם של צדיקים אינם זוכים לעסוק בכל ארבעה חלקי הפרד"ס, ואם כן מוכרחים הם לחזור ולבוא בגלגול כדי להשלים לימודם בארבעה חלקים,** כי אפילו הוא עסק בשלוש חלקי הפרד"ס, לא יצא ידי חובתו, ועליו נאמר הן כל אלה יפעל א"ל פעמים שלש עם גבר, להחזירו בגלגול. ואם כן הויא פסידא דהדדא. ואפשר שבו ביום שנפטר הוא חוזר ומתגלגל, כנזכר בזוהר ריש פרשת אמור, יעו"ש. ואם כן אין לכם פסידא כל כך. אמנם בכו בכו להלך, לאותו צדיק שכבר עסק בארבעה חלקי הפרד"ס. כי תיבת להלך היא חסר ו', ואם תחשוב תיבת להלך ארבעה פעמים עם ארבעה הכוללים, שהם כנגד ארבעה חלקי הפרד"ס, הם בגימטריא פרד"ס. **שזה הצדיק לא ישוב עוד וראה את ארץ מולדתו, כי על ארבעה לא אשיבנו.** שזהו פסידא דלא הדרא באמת, ונחסר לגמרי מן העולם הזה, עד כאן לשונו. ולכן חובה על כל אדם לעסוק בכל חלקי הפרד"ס, ובפרט בחלק הסוד, הנקרא פנימיות התורה, כמבואר בזוהר הקדוש כמובא בזוהר הקדוש פרשת נשא דף קכ"ד - **בהאי חבורא דילך דאיהו ספר הזוהר יפקון ביה מן גלותא ברחמי,** בזכות הלימוד בספר הזוהר הקדוש, יצאו בני ישראל מהגלות **ברחמים.** ועוד כל מי שחשקה נפשו ללמוד, אסור למנוע זאת ממנו, בסוד הפסוק[10] - אל תמנע טוב מבעליו, ועל כל אדם להיכנס לפרד"ס החיים.

משלי ג' כ"ז – אל תמנע טוב מבעליו בהיות לאל ידך לעשות.

אשרי האיש אשר לא הלך בעצת רשעים ובדרך חטאים לא עמד ובמושב לצים לא ישב. דע כי יהיו הרבה אנשים רשעים, שינסו למנוע מבני ישראל הקדושים ללמוד בכללות תורה, ובפרט את תורת הקבלה, מכל מיני סיבות ומניעות, והשטן מדבר מגרונם של אלו הרשעים. ואלו דברי קודשו של בעל שבט מוסר רבינו אליהו הכהן האתמרי זצלה"ה - ובהביטך בן אדם מה שעבר על אחרים למה תרדוף אתה אחר כל אלה הדברים הזרים, להשביע נפש מרורים ולמוסרה ביד צרים המה המקטרגים הצוררים, ולמה לא תחמול על נפשך ועל נועם תבנית צלם גופך למוסרו בידן ולהשליכו בתוך גחלי רתמים בטיט היון של גיהנם, להשחירו ולהתיכו כאשר ניתך הזפת בפני האש, אשר על כן תן עצה בנפשך **לברור בדרך החיים בעסק התורה והמצות**, וגם להצטער עצמך זמן קצוב הם חיי עולם הזה, כדי שתתענג זמן רב בלתי סוף ותכלית, ואל יעלה על דעתך כאשר עלה בדעת הרבה שנאבדו בידם באומרם כיון שמכיר אני בעצמי שאין בדעתי להבין ולהשכיל, איני עוסק בתורה, טועה הוא בדבר, שהרי הוא מחוייב לעשות מה שנצטוה לעשות, ואם יבין יבין, **שהרי והגית בו יומם ולילה כתיב** ולא כתיב ותבין בו, וכן תמצא בדברי התנא אם למדת תורה הרבה נותנין לך שכר הרבה, ואינו אומר אם הבנת הרבה, אלא למדת אמרו, ותשתדל להבין ואם תבין תבין, ואם לא שכר לימודך בידך, וכמאמר התנא לפום צערא אגרא, ומה גם שאמרו האדם איני לומד מפני שאיני מבין, **הוא פיתוי היצר**, יתמיד בלימודו וסוף הבינה לבא, שבראות קדוש ברוך הוא **חשקו בתורתו ודבקותו בה, פותח לו מעייני החכמה**, דכתיב - כי הוי"ה יתן חכמה מפיו דעת ותבונה. והנני מוסר לך דבר אשר תרדוף אחריה, ויהיה חיים לנפשך ועונקים לגרגרותיך, **לעולם יהיה עיקר לימודך בדבר של תורה שליבך חפץ יותר**, אם בגמרא גמרא, ואם בדרוש דרוש, ואם ברמז רמז, **ואם בקבלה קבלה**, ורמז לדבר כי אם בתורת הוי"ה חפצו, כלומר תורת הוי"ה תלויה בדבר שלבו חפץ לעסוק, וכמו שמבאר האר"י זלה"ה בספר דרושי הנשמות והגלגולים פרק שלישי, וז"ל - יש בני אדם שכל חפצם ועסקם בפשטי התורה, ויש שעסקם בדרוש, ויש ברמז, ויש גם כן בגימטריות, **ויש בדרך האמת**, הכל כפי מה שעליו נתגלגל בפעם ההוא, כיון שהשלים פעם אחרת בשאר העניינים, אין צורך לו שבכל גלגול יעסוק בכולם, עד כאן לשונו. **ואל תביט ותשגיח לדברי המתנגדים על מה שחשקת לעסוק בתורה** בגמרא או בפשט או בדרוש וכו', באומרם לך למה אתה מוציא כל ימיך בפרט זה של תורה ולא בפרט זה, משום שעל מה שחשקת ללמוד, על דבר זה זה באת לעולם, ואם תשים דעתך לדבריהם, יכריחוך להתגלגל בזה העולם פעם אחרת ולעבור נפשך בחרב חדה של מלאך המות ולטעום טעם מיתה, ולכן לא תשמע לדברי המשחית נפשך, **כי דע שהשטן מתלבש באלו האנשים לדאוג ולהצטער ולהכאיב נפש הלומד ועוסק בתורה**, בחלק שֶׁאֲוָתָה נפשו לעסוק, כדי להבדילו משם שלא ישלים נפשו, על מה שבא להשלימה, ולהכריחו גלגולים אחרים, וכשם שחושק יותר האדם ללמוד, משם יבין שעל דבר זה נתגלגל להשלים, כך צריך האדם שידע שורש נשמתו ומהיכן נמשך ועל מה בא לתקן ולהשלים, כמו שאמר בזוהר שיר השירים הגידה לי את שאהבה נפשי וכו'. **וכדי שיבין יראה באיזה מצוה תקיף יצרו יותר לבטלה יתחזק בה לקיימה, כי בוודאי על מצוה זו נתגלגל**, וכדי שלא ישלים חוקו מנגדו יצרו לבטלה להוציאו מן העולם בידים ריקניות... ולכן לא תשמע לדברי רשעים אלו, אלא תשמע לדברי חיים.

חבר אני לכל אשר יראוך ולשמרי פקודיך. בסוף[11] עץ חיים מובא מספר כללים למהרח"ו, וז"ל - להאר"י זלה"ה. הרמב"ן וחבריו ודברי ראשונים כמו רבי נחוניא בן הקנה לא הזכירו רק עשר ספירות, ולא גילו עניני פרצוף כלל. **ודע שהרמב"ן והראשונים היו יודעים בפרצוף**, אלא שדברו בהעלם גדול, לרוב הגלות שלא ניתן רשות לגלות, ולהתפשט האורות הגדולים, מאחר שגברו הקליפות, וכל זר לא יאכל קדש. **אמנם בעקבות משיחא כמו בדורינו זה התחילו האורות להתפשט להיות כבראשונה**, כמו שהיה בזמן העולם מתוקן ולהתתקן מעט. ומתחלה היו האורות סתומים, היה העולם מקולקל, וכל מה שנתקלקל נסתם בגלות, ולא היו משיגין אלא עשר ספירות בסתום, בסוד הנקודות, כל אחד כלול מעשר, ובענין הפרצופים לא נתגלה להם כלל, לפי שמצאו בדברי הראשונים סתומים, ולא ידעו עומק הדברים, וחשבו שכך הוא ודברו בעשר ספירות כל אחד כלול מעשר ובחינות הרבה, ולפי שראיתי מי שחולק על דברים אלו לאמור שלא מציינו אלא עשר ספירות, ומהיכן יש לשלוט כח לאמור כמה פרצופים שנמצא יותר מעשר ספירות, ומספר רב והלא הראשונים כתבו בספר יצירה - עשר ולא תשע, עשר ולא י"א, לזה באתי לפתוח לך כחודא דמחטא, אולי תזכה להבין מקצת, וכולו לא תשורנו עין, וזהו. ובהקדמתו[12] הקדושה כותב הרב ז"ל - והנה אין בכל דור ודור שלא נמצאו בו אנשים יחידי סגולה ששרתה עליהם רוח הקודש, והיה אליהו הנביא ז"ל נגלה עליהם, **ומלמד אותם סתרי החכמה הזאת**, וכמו שנמצא כתוב בספרי המקובלים, גם בעל ספר הרקנטי כתב בפרשת נשא בפרשת ברכת כהנים..... ואנשי לבב שמעו לי, אל יהרסו אל הוי"ה, **לראות בספרי האחרונים הבנויים על פי השכל האנושי**, ושומע לי ישכון בטח ושאנן מפחד רעה. ולכן אני הכותב הצעיר חיים וויטאל, רציתי לזכות את הרבים **בהעלם נמרץ והמשכיליים יבינו**, וקראתי שם החבור הזה על שמי **ספר עץ חיים**, וגם על שם החכמה הזאת העצומה, חכמת הזוהר, הנקרא עץ חיים, ולא עץ הדעת כנזכר לעיל, בעבור כי בחכמה הזאת טועמיה חיים זכו, וזכו לארצות החיים הנצחיים, **ומעץ החיים הזה ממנו תאכל, ואכל וחי לעולם**. ואשכילך ואורך דרך זו תלך דע מן היום אשר מורי זלה"ה החל לגלות זאת החכמה, **לא זזה ידי מתוך ידו אפילו רגע אחד**, וכל אשר תמצא כתוב באיזה קונטריסים על שמו ז"ל, ויהיה מנגד מה שכתבתי בספר הזה, **טעות גמור הוא, כי לא הבינו דבריו, ואם יש בהם איזה תוספות שאינו חולק עם ספרינו זה, אל תשית לבך בקבע אליו, כי שום אחד מהשומעים את דברי קדשו, לא ירדו לעומק דבריו וכוונתו, ולא הבינום**, בלי שום ספק. ואם יעלה בדעתך לחשוב שתוכל לברור הטוב ולהניח הרע, אל בינתך אל תשען, כי אין הדברים האלו מסורים אל לב האדם כפי שכל אנושי, והסברא בהם סכנה עצומה, ויחשב בכלל קוצץ בנטיעות חס ושלום, לכן הזהרתיך ואל תסתכל בשום קונטרסים הנכתבים בשם מורי זלה"ה, זולתי במה שכתבנו לך בספר הזה, **ודי לך בהתראה זאת**, אלו הם דברי קודשו. ועלינו ללמוד אך ורק בתורת מורינו חיים.

אני קראתיך כי תענני אל הט אזנך לי שמע אמרתי. עוד כתב הרב ז"ל בהקדמתו תנאים כדי לזכות לחכמה הקדושה הזאת, וז"ל - אני הכותב משביע בשמו הגדול יתברך, לכל מי שיפלו

ע"ח ח"ב דקי"ט ע"א.

ע"ח ד"ד ע"ב.

הקונרטסים אלו לידו, שיקרא הקדמה זאת, ואם אותה נפשו לבוא בחדרת החכמה זאת, יקבל עליו לגמור ולקיים כל מה שאכתוב ויעיד עליו יוצר בראשית, שלא יבוא אליו היזק בגופו ונפשו, ובכל אשר לו, ולא לאחרים. תחת רודפו טוב והבא לטהר ולקרב. **ראשית הכל יראת הוי"ה, להשיג יראת העונש, כי יראת הרוממות, שהוא יראה הפנימית, לא ישיגוהו רק מתוך גדלות החכמה**, ועיקר מגמתו בידיעה הזה יהיה לבער קוצים מן הכרם, כי לכן נקראים העוסקים בחכמה הזאת מחצדי חקלא. **ובודאי שיתעוררו הקליפות נגדו לפתותו ולהחטיאו, לכן יזהר שלא לבוא לידי חטא אפילו שוגג**, שלא יהיה להם שייכות בו, לכן צריך ליזהר מהקלות, כי הקדוש ברוך הוא מדרדק עם הצדיקים כחוט השערה, לכן צריך לפרוש עצמו מבשר ויין כל ימות השבוע, **וצריך הזהרת סור מרע ועשה טוב**, ובקש שלום. בקש שלום צריך להיות רודף שלום, ולא להקפיד בביתו על דבר קטן וגדול, וכל שכן שלא יכעוס ח"ו.

וצריך להתרחק בתכלית הריחוק סור מרע.

א. ליזהר בכל דקדוקי מצות, ואפילו בדברי חכמים, שהם בכלל לא תסור.

ב. לתקן המעוות קודם שיבא לעולם הבא.

ג. יזהר מהכעס, אפילו בשעה שמוכיח את בניו, לא יכעוס כלל ועיקר.

ד. גם צריך ליזהר מהגאוה, ובפרט בענין הלכה, כי גדול כחה והגאוה, בזה עון פלילי.

ה. בכל צער שיבא לו, יפשפש במעשיו וישוב אל הוי"ה.

ו. גם יטבול בעת הצורך לו.

ז. גם יקדש את עצמו בתשמיש המטה שלא יהנה.

ח. שלא יעבור כל לילה ויחשוב בכל לילה מה שעשה ביום, ויתודה.

ט. גם ימעט בעסקיו ואם אין לו פרנסה כי אם על ידי משא ומתן, יכין יום שלישי ויום רביעי, מחצי היום ואילך, ובכוונה שהוא לעבודת קונו.

י. כל דבור שאינו של מצוה והכרחי, יהיה זהיר ממנו, ואפילו דבר מצוה ימנע בשעת התפלה.

ועשה טוב

א. לקום בחצי הלילה, ולעשות הסדר בשק ואפר ובכי גדול, ובכוונה כל אשר יוציא בשפתיו. ואחר כך יעסוק בתורה כל זמן שיוכל להיות בלי שינה, ובלבד שחצי שעה קודם עלות השחר יתעורר לעסוק בתורה.

ב. ילך לבית הכנסת קודם עלות השחר, קודם חיוב טלית ותפילין, להיזהר שיהיה מעשרה ראשונים.

ג. קודם שיכנס, ישים אל לבו מצות עשה ואהבת לרעך כמוך, ואחר כך יכנס.

ד. להשלים רמז צדיק בכל יום. שהוא צ' אמנים, ד' קדושות, י' קדישים, ק' ברכות.

ה. שלא להסיח דעתו מהתפילין בעת התפילה, זולת בעת העמידה ועסק התורה.

ו. צריך שיהיה עוסק בתורה, מעוטף בטלית ותפילין.

ז. לכוין בתפלה הכוונות, כמו שנבאר בע"ה.

ח. שישים תמיד נגד עיניו שם בן ארבעה אותיות הוי"ה, ויזדעזע ממנו, כמו שכתוב - שויתי הוי"ה לנגדי תמיד.

ט. שיכוין בכל הברכות, בפרט בברכת הנהנין.

י. צריך שיהיה עמל בתורה פרד"ס, שנאמר או יחזיק במעוזי, ואל יחשוב שיגלו לו רזי התורה בהיותו ריק, כדכתיב - יהב חכמתא לחכימין, וצריך ליזהר שלא יוציא בשפתיו בחכמה זו, מה שלא שמע מאדם שראוי לסמוך עליו, וכאזהרת רשב"י וחבריו. השגת החכמה תנאי הראשון, צריך למעט דבורו, ולשתוק, כל מה שיוכל כדי שלא להוציא שיחה בטילה, כמאמר רז"ל - סייג לחכמה שתיקה. גם תנאי אחר, על כל דבר תורה שלא תבינהו, תבכה עליו כל מה שתוכל. גם עלית הנשמה בלילה לעולם העליון, שלא תשוט בהבלי העולם, תלוי שתישן בבכיה. ומרת עצבות מגונה עד מאוד, ובפרט להשיג חכמה, והשגה אין לך דבר מונע השגה יותר מזה. גם בענין השגת האדם, אין לך דבר שמועיל כמו הטהרה והטבילה, שיהיה האדם טהור, בכל עת ומורי זלה"ה עם היות שהיה לו חולי השבר שהקור מזיק לו, עם כל זה לא היה מונע מלטבול בכל עת, עד כאן דברי קודשו. ועלינו לקיים את בקשת הרב ז"ל את הבחינות של[13] סור מרע ועשה טוב, כדי לטפס בעץ החיים.

מרן הרש"ש[14] מעיד על עצמו, וז"ל - וראיתי מה שכתבו מעלת כבוד תורתם, על ענין עבודת הוי"ה שקצרתי במקום שהיה ראוי להרחיב מעט הדיבור, אמת הוא כי לכתחילה קצרתי בו, **יען ראיתי כמה מהנזק יצא ממה שכתבו בזה המקובלים שקדמו, כי רבים חללים הפילו, וחלול כבוד הוי"ה, וכבוד התורה. הוי"ה יכפר בעדם, כי כל דבריהם לא על פי התורה הם, ואינם מיוסדים על האמת, ומהם יצאו אבות, ומאבות תולדות הריסת יסודי התורה ח"ו**, הוי"ה יכפר. **וכל זה לא שלמדתי בדבריהם ח"ו**, אלא שפעם אחת הוכרחתי בעל כרחי לעיין בדף אחד שכתוב בו קצור מה שכתבו בענין זה, **וכמעט שקרעתי בגדי לראות דברים אשר לא כן על הוי"ה.** הוי"ה יכפר, וכבר מילתי אמורה להם, **כי עידי בשמים כי כל עסקי ולמודי, אינו רק בדברי האר"י זלה"ה, ותלמידו מהרח"ו ז"ל לבדם, ובלעדם אין לי עסק בשום ספר מספרי המקובלים ראשונים ואחרונים, ואפילו בדברי שאר תלמידי האר"י ז"ל לא למדתי, וכשיזדמן לפני דבר מדבריהם, אני מדלגו.** כי על כן איני כמזהיר, אלא כמזכיר, למען הוי"ה אל יהי לכם מגע יד בדבריהם, ובפרט בענין זה, השמרו לכם פן יפתה לבבכם בלבבכם, **אלא כל לימודם לא יהיה אלא בעץ חיים ובספר מבוא שערים ובשמונה שערים המפורסמים**, שכולם דברי אלהי"ם חיים. ואני קצרתי בענין זה מה שאפשר, כי יראתי פן יפלו דפים אלו ביד מי שעדיין לא למד דברי האר"י ז"ל כראוי, **ויחשידני שלמדתי בספרים אחרים, ולא כן הוא כאמור**, ולכן קצרתי בו, ופיזרתי בהקדמה, עד כאן דברי קודשו של מרן הרש"ש. ואנחנו תפילה שיתגלה משיח צדיקנו במהרה בימינו, ומלאה[15] הארץ דעה את הוי"ה כמים לים מכסים, דעת תורת החיים.

<hr>

13

תהלים ל"ד ט"ו – סור מרע ועשה טוב בקש שלום ורדפהו.

14

נהר שלום דף ל"ד ע"א.

15

ישעיהו י"א ט' – לא ירעו ולא ישחיתו בכל הר קדשי כי מלאה הארץ דעה את הוי"ה כמים לים מכסים.

כתב רבינו גאון הקבלה רבי אליהו מני, רבו של הרי"ח הטוב, רבי יוסף חיים בעל הספר "בן איש חי", בספרו הקדוש **כסא אליהו** כי על הלומד ללמוד כל מאמר ומאמר ארבעה חמשה פעמים בלי המפרשים, וינסה להבין את המאמר בעצמו. ואחר כך ילך לראות אם כיוון לדעת המפרשים.

וכן אני הקטן מבקש בכל לשון של בקשה, ללמוד את הדרוש כמו שהוא מובא בספר עץ חיים, ארבעה חמישה פעמים, כדי לנסות להבין את הדרוש. וכל דרוש מובא בתחילת הספר במלואו.

אחר כך יכנס ללמוד את הדרוש עם ביאור הדברים, עוד ארבעה חמישה פעמים, ואחר כך יראה את המקורות להגהות, ודברי רבותינו הקדושים, עם התרשימים וטבלאות.

ואז יעלה ויצליח בלימוד תורת האר"י הח"י.

כתב רבינו **השד"ה** רבי שאול דוויק הכהן, בהקדמת ספרו איפה שלימה, על אוצרות חיים וז"ל - וכדי שיוכל לעלות לימודו למעלה, ריח ניחוח לה'. קודם כל לימוד ימסור עצמו על קדושת ה', כי זה מועיל מאוד, כמו שכתוב בשער הכוונות דף כ"ד ע"ב, כי עתה בזמנינו בעוונותינו הרבים אין יכולת לעשות זווג כתיקונו למעלה, ולסיבה זו הקץ מתארך וכו'. אמנם עם כל זה יש קצת תיקון במה שנמסור נפשינו על קידוש ה' בכל הלב, כי על ידי כן אפילו אין בנו שום מעשים טובים, והרשענו עד להפליא. הנה על ידי מסירת נפשינו להריגה, מתכפרים עונותינו כולם, ויש בנו יכולת לעלות עד אימא עילאה, כמו שאמרו חז"ל - גדולה תשובה שמגעת עד כסא הכבוד, שנאמר - שובה ישראל עד ה' וכו', עד כאן דבריו.

וזה הסדר

יקבל עליו ארבע מיתות בית דין, מארבעה אותיות הוי"ה וארבעה אותיות אדנ"י, וליחדם על ידי ארבעה אותיות אהי"ה ועל ידי עסמ"ב

סקילה י **א** וליחדם על ידי **א**	יוד הֹי ויו הֹי
שרפה הֹ **ד** וליחדם על ידי **ה**	יוד הֹי ואֹו הֹי
הרג ו **גֹ** וליחדם על ידי י	יוד הֹא ואו הֹא
וחנק הֹ **י** וליחדם על ידי הֹ	יוד הֹה וו הֹה

לְשֵׁם יִחוּד

קֻדְשָׁא בְּרִיךְ הוּא וּשְׁכִינְתֵּהּ

יאהדונהי

בִּדְחִילוּ וּרְחִימוּ   וּרְחִימוּ וּדְחִילוּ

יאההויהה   איההיוהה

לְיַחֲדָא אוֹתִיּוֹת י"ה בּו"ה, בְּיִחוּדָא שְׁלִים

יְהֹו"ה

בְּשֵׁם כָּל יִשְׂרָאֵל, לְאַקָמָא שְׁכִינְתָּא מֵעַפְרָא, הֲרֵינִי לוֹמֵד בַּסֵפֶר קַבָּלָה פְּלוֹנִי שֶׁהוּא כְּנֶגֶד תִּפְאֶרֶת דז"א בְּעוֹלָם הָאֲצִילוּת שֶׁבּוֹ שֵׁם מ"ה כְּזֶה יוֹ"ד ה"א וָא"ו ה"א לַעֲשׂוֹת מֶרְכָּבָה. וִיהִי רָצוֹן מִלְפָנֶיךָ ה' אֱלֹהֵינוּ וֵאלֹהֵי אֲבוֹתֵינוּ שֶׁתְּזַכֵּךְ רוּחֵנוּ וּנְפָשֵׁינוּ שֶׁיְהִי רְאוּיִם לְעוֹרֵר מֵיִן תַּתָאִין עַל יְדֵי קְרִיאַת סֵפֶר הַקַבָּלָה הַזֹאת. וִיהִי נֹעַם יְהֹוָה אֱלֹהֵינוּ עָלֵינוּ וּמַעֲשֵׂה יָדֵינוּ כּוֹנְנָה עָלֵינוּ וּמַעֲשֵׂה יָדֵינוּ כּוֹנְנֵהוּ.

בָּרוּךְ ה' לְעוֹלָם אָמֵן וְאָמֵן, נֶצַח, סֶלָה, וָעֶד.

שער ו' פרק ד'

ודע כי כאשר עלה הכתר אל המאציל אז באותו שיעור והמשך הזמן שהיה עולה אז המלכות נסתלקה ממנה בחי' גילוי יחידה שהיא אור שהיה נמשך לה מן הכתר שכיון שכתר היה עולה ומסתלק לא היה כוונתו להאיר בה אמנם נשאר בה הרשימו לבד וכאשר סיים הכתר להתעלם וסיימה המלכות לעלות עד סיום היסוד אז חזר להאיר בה בעצם (המאציל) כבתחלה בחי' יחידה שבה כי אחר שעלה הכתר במאציל גם היא עלתה ביסוד והיתה מדריגה אחת קרובה יותר אל המאציל והיתה מקבלת עתה ממנו (נ"א יותר ממה) מה שהיתה מקבלת מקודם מן הכתר אך כל זמן שלא סיים הכתר לעלות אז היה הכתר מפסיק בין מאצילה ובינה והכתר עצמו ג"כ לא היה מאיר בה וכעד"ז הוא (נ"א גם הז"א) בבחי' חיה שמקבל מן הכתר וכעד"ז החו"ב וכיוצא בהם וכן כשעלה חכמה למעלה במאצילה נסתלקה מן המלכות החלק שהיה מגיע אליה ממנו ולא נשאר בה רק רשימו לבד עד שהשלימה החכמה לעלות למאצילה ואז חזר האור כבתחלה (אליהם) וכן תקיש מזה אל כל השאר כי הם חלוקות רבים כי כשכלתה (כשהתחילה) החכמה לעלות בכתר נסתלקה הארתה (נ"א תסתלק הארתו) מכל אשר למטה ממנה (נ"א ממנו) וכשכבר עלתה בכתר אז חזר כבתחלה וכשחזר פעם ב' לעלות במאציל נסתלק האור פעם שני וכשנגמר לעלות חזר האור לאיתנו והמעיין מעצמו יבין שאר חילוקים עד"ז בענין המקיפים דזו"ן שלוקחים בעת חזרתן והסתלקותן למעלה.

פרק ד' מ"ת

דרוש זה מקורו מספר אוצרות חיים וצריך לכתוב מ"ת בראש הדרוש.

פרק זה הוא קצר ביותר, והוא הקדמה לפרק ה' ופרק ו' דשער זה, וכן הוא הקדמה גדולה לשער מטי ולא מטי. עוד צריך לדעת כי בכל דרושי עולם העקודים ודרושי שער מטי ולא מטי, **המלכות דעולם העקודים היא עטרת היסוד דעקודים.** עוד[16] **צריך לדעת** כי כל עולם העקודים הוא רק בחינת **כלי אחד, כלי הכתר**, שבוא מתלבשים עשרה אורות, ואפילו שהרב ז"ל מבאר שיש עשר כלים בעקודים, הכוונה שהיא עשר כלים הפרטים של הכתר דעקודים, **וזכור זה ואל תשכח.**

הרב ז"ל ביאר בפרק ג' כי בזמן יציאת המלכות דעקודים מפה דא"ק, היא יצאה בבחינת נפש פנימית. וכאשר יצא ז"א מפה דעקודים, יצא בבחינת נפש פנימית, ולמלכות נוסף בחינת רוח פנימית. וביציאת הבינה שיצאה בבחינת נפש פנימית, נוסף לז"א בחינת רוח פנימית, ולמלכות בחינת נשמה פנימית. וכאשר החכמה יצאה בבחינת נפש פנימית, נוסף לבינה בחינת רוח פנימית, לז"א בחינת נשמה פנימית, ולמלכות בחינת חיה פנימית. האחרון שיצא מפה דא"ק היה הכתר דעקודים, והוא יצא בבחינת נפש פנימית, וביציאתו נוסף בחינת רוח פנימית לחכמה, נשמה פנימית לבינה, חיה פנימית לז"א, ויחידה פנימית למלכות. עוד ביאר הרב ז"ל כי בחזרת הכתר למקורו בפה דא"ק, נוסף למלכות מקיף דחיה, ולז"א יחידה פנימית, לבינה חיה פנימית, ולחכמה נשמה פנימית. וכאשר עלתה החכמה לפה דא"ק, נוסף למלכות מקיף דיחידה, ולז"א מקיף דחיה, ולבינה יחידה פנימית. וכאשר עלתה הבינה לפה דא"ק, למלכות לא היתה שום תוספת, וז"א קבל את המקיף דיחידה. **כל הבחינות האלו של התוספת שקבלו הספירות דעקודים היו ביציאת האורות מפה דא"ק, ובחזרתם** וכל האורות האלה היו מבחינת שפע **אורות הפנים שקבלו הספירות אחת אחת מהעליונה ממנה.** בפרק זה הרב ז"ל מבאר מה היה מצב האורות של העקודים **בזמן החזרה לפה דא"ק.** ר"ל כי **בזמן** עליית הספירות דעקודים לפה דא"ק הם האירו שפע לתחתונים בבחינת **אור אחור**, ר"ל שפע היורד מן המאציל דרך אחורי הספירות. והספירות התחתונות הפסידו את האורות שקבלו מהספירה שעלתה לפה דא"ק, לדוגמה בזמן עליית הכתר לפה דא"ק, המלכות הפסידה את בחינת אור היחידה הפנימית, ז"א את אור החיה הפנימית, הבינה את אור הנשמה הפנימית, והחכמה את אור הרוח הפנימית. וכל זה קרה **בזמן עליית הכתר לפה דא"ק.** ואחרי סיום עליית הכתר לפה דא"ק, קבלו כל הספירות את הבחינות האלו בחזרה, ועוד, כל בחינה קבלה תוספת. יוצא לפי זה כי המלכות קבלה בחזרה את בחינת היחידה הפנימית, ותוספת מקיף דחיה. ז"א קבל את החיה הפנימית, ותוספת יחידה פנימית. הבינה קבלה בחזרה את הנשמה הפנימית, ותוספת חיה פנימית. והחכמה קבלה את בחינת הרוח הפנימית, ותוספת נשמה פנימית. וכן **בזמן** עליית החכמה לפה דא"ק היתה בחינת סילוק האורות וחזרתם עם תוספת. לכן, בפרק ג' דשער זה הרב ז"ל ביאר את מצב הספירות ביציאה מפה דא"ק ובחזרה לפה דא"ק, ודילג על מצב הספירות **בזמן החזרה לפה דא**"ק. ובפרק זה הרב ז"ל מבאר[17] באופן כללי את בחינת אור הישר והאור החוזר.

16

ע"ח ש"ז פ"א מ"ק ד"ל ע"א — הנה קודם מציאות העקודים לא היה האור העליון יכול להתלבש בשום כלי, כי לא היה יכולת בכלים לסובלו, ושם היה האור בלתי מתלבש בכלי. עד שהגיע התפשטות האור הגדול ההוא אל בחינת העקודים. **ושם נעשה מציאות כלי אחד אל האור הגדול ההוא,** ואז התחיל האצילות להיות בו איזה מציאות הגבלת האור, מה שלא היה יכול להיות הדבר עד עתה. אמנם תחלה היה האור כולו של החלקים המגיעים לאצילות כולם, נעלמים תוך כלי אחד לבד, **ואותו הכלי היה בו בחינת כלי של כתר העליון.** אחר כך נתפשט האור יותר למטה מבחינה הנזכרת לכל, הנקרא עקודים, ואז נעשית עשר כלים, **אך כולם עדיין בסוד בחינת כלים דכתר.**

17

תרשים ד – א.

וְדַע[18] כאשר יצא אור אור הנפש דכתר דעקודים מפה דא"ק, המלכות דעקודים קבלה את בחינת אור היחידה הפנימית,

ז"א קבל את בחינת אור החיה הפנימית, הבינה את בחינת אור הנשמה הפנימית, והחכמה את בחינת אור הרוח הפנימית. וכל הבחינות האלו הם **בחינת מוחין דפנים**. עם כל זאת **בזמן** חזרת הכתר לפה דא"ק, הכתר הפך את פניו, והאיר לספירות **בחינת מוחין דאחור**[19], לכן שהסתלק אור הכתר למאציל, הפסידו כל הספירות שמתחת לכתר את בחינת האורות שקבלו בצאת הכתר. יוצא מזה **כִּי כַּאֲשֶׁר עָלָה** אור **הַכֶּתֶר**[20] דעקודים הכולל את אור הנפש הפנימית דליה **אֶל הַמַּאֲצִיל**[21] בפה דא"ק[22], הפך הכתר את פניו אל המאציל, שהוא פה דא"ק, ואחורי הכתר

18

כרם שלמה ש"ו פ"ד אות א' – ודע כאשר עלה הכתר אל המאציל, אז באותו שעור וכו'. כאן רצונו לבאר על מה שכתב לעיל פרק ג' כי על ידי חזרת ועליית הכתר היה ניתוסף אורות בכל הספירות מן המלכות ועד החכמה, כי המלכות היה ניתוסף בה מקיף אחד, ובז"א יחידה פנימית וכו'. וכן על ידי עליית החכמה להמאציל היה עוד ניתוסף יותר ויותר וכו'. אל תחשוב כי זאת ההוספה בהספירות היתה ניתוספת בהם ממש בעת תחלת העליה והסתלקות של הכתר ושל החכמה בהמאציל, אלא כי אדרבא, בהמשך זמן זה שמן עד הגיעם אל מקום חפצם היה מגיע גירעון להספירות, ומה שהרויחו מקודם זה על ידי הספירה העולה, עכשיו היו מאבדין אותו הריוח עכשיו, אלא ההוספה שהיתה ניתוספת בהם הוא בעת הגיעם אל מקום חפצם במאציל.

19

לפעמים נקראין מוחין אלו מוחין דאור חוזר.

ע"ח ש"ו פ"ו מ"ב דכ"ח ע"ד – הנה בעולם העקודים בעת ירידת האורות של העשר ספירות שבו למטה, היה אור נמשך להם מן המאציל בבחינת אור ישר, ואחר כך בחזרתן לעלות למעלה הנה **נמשך להם האור בבחינת אור חוזר**. וצריכים אנו להודיעך עתה בהקדמה אחרת כוללת כל העולמות)נ"א כלולה בכל המקום(, והוא בענין חזרת האורות אל המאציל, כי זולת מה שביארנו במקום אחר, כי אף על פי שהם עולין ומסתלקין, הנה הם **ממשיכין מלמעלה למטה** מן המאציל בחינת אור, הנקרא אור חוזר.

20

ע"ח ש"ו פ"ו מ"ב דכ"ח ע"ג – ונבאר סדר ענין זה איך הוא, כי הנה כאשר התחיל הכתר לעלות בראשית כל שאר האורות, ולהתעלם בשורשו ובמאצילו, אז בעודו עולה ומסתלק גם יחידה פנימית שניתן למלכות בעת ירידת הכתר, היתה עתה מסתלקת ממנה, וכן בחינת חיה פנימית שבז"א, שנמשכת לו בעת ירידת הכתר, היתה עתה מסתלקת ממנו, ומן הבינה מסתלק הנשמה, ומן החכמה הרוח. ואמנם עדיין נשארו בכולם רשימו של אותן האורות, שהוא רשימו דנשמה, ורשימו דרוח, וכיוצא בזה, כי אף על פי שנסתלקו האורות לא היתה כוונתן להסתלק לגמרי לעולם, לכן רושם האורות שהיו באלו אורות תחתונים נשאר במקומן, כי אפילו בהסתלקותן בהכרח מאירין קצת הארה בתחתונים, דאם לא כן יתבטלו לגמרי, כמו שנבאר בע"ה.

21

כרם שלמה ש"ו פ"ו אות י' – ועוד ידוע כי כל עליון נקרא מאציל לתחתון, כי הוא המתקנו, ומשפיע לו שפע הצריך לו.

כלל – כל עליון נקרא מאציל לתחתון.

22

כלל – כל בחינה עליונה הקראת מאציל בערך הבחינה התחתונה.

ע"ח ש"ו פ"ו מ"ב דכ"ח ע"ד – וכן על דרך זה עד תשלום חזרת **כל י' אורות בשרשם, שהוא המאציל** והוא)נ"א והנה(**בחינת הפה דא"ק, כמו שביארנו כי הוא)ענין(השורש שלהם.**

ע"ח ח"א שמ"ב פ"א מ"ב דפ"ט ע"ג – ודע כי על דרך זה הוא בכל העשר ספירות שבכל עולם ועולם, וכן בפרטות בכל פרצוף ופרצוף, כי לעולם כל בחינה ובחינה **נקרא עליונה מאציל, ותחתונה נאצל.**

כרם שלמה ש"ו פ"ו אות י"ז – וכדי שלא תטעה שהמאציל המוזכר כאן הוא המאציל העליון שהוא הא"ס, לזה הוצרך לפרש כאן, המאציל שהוא הפה דא"ק, שהוא האציל לאלו העשרה ספירות דעולם העקודים, שהם מן הפה ועד הטבור. כמו שכתוב בשער ההקדמות דט"ז ע"א וז"ל - ונמצא כי העשרה שורשים הנזכרים, שהם

לספירות שתחתיו, ומפני שכל הספירות קשורות אחת לשניה כמו שלשלת, וכאשר אחת עולה היא מושכת את כולם אחריה **אז באותו שיעור**]דכ"ו ע"ד 52[**והמשך**[23] הדרך לפני שיגיע אור הכתר לפה דא"ק, **והזמן שהיה עולה** הכתר דעקודים לפה דא"ק, ובאותו זמן אור החכמה עולה למקום הכתר דעקודים, ואור הבינה עולה למקום החכמה דעקודים, ואורות ז"א עולים למקום הבינה דעקודים, ואור המלכות עולה למקום היסוד דעקודים, **אז** באותו זמן כל הספירות הפסידו את מדרגת האורות שקבלו בזמן יציאת הכתר מפה דא"ק, יוצא שה**מלכות** נסתלקה ממנה בזינת גילוי[24] אור היזידה הפנימית שלה, **שהיא אור** הפנים **שהיה** נמשך לה מן הכתר בזמן שהכתר יצא מפה דא"ק, **שכיון שכתר היה** עסוק **ועולה ומסתלק** לפה דא"ק לתקן את עצמו לפני שיתקן את האחרים[25], **לא היה כוונתו** של הכתר **להאיר בה** ר"ל במלכות אור מוחין דפנים, לכן הוא הופך את פניו לפה דא"ק, ומאיר למלכות באור מוחין אחור.

אמנם נשאר בה ר"ל במלכות בחינת ה**רשימו**[26] דיחידה **לבד,** וכן לשאר כל הספירות, שנשאר בהם רשימו של האורות שהסתלקו בעליית הכתר לפה דא"ק[27], כאשר לז"א נשאר רשימו דחיה, לבינה רשימו דנשמה, ולחכמה רשימו דרוח. **וכאשר**[28] **סיים**[29] **הכתר**[30] דעקודים **להתעלם** בפה דא"ק, **ונתבטל בפה**

בפה דא"ק, בחינת המלכות שבהם היא אשר האצילה אלו העשר ספירות הנקרא עקודים, והיא נקראת מאציל אליהם, עד כאן לשונו. וזה מה שכתב כאן, כי הוא השורש שלהם.
23

גמרא גיטין ד"ע ע"א – שלשה דברים מכחישים כחו של אדם, ואלו הן פחד, **דרך**, ועון. פחד דכתיב לבי סחרחר עזבני כחי. **דרך** דכתיב ענה בדרך כחי. עון דכתיב כשל בעוני כחי.
בראשית י"ב י"א – ויהי כאשר הקריב לבוא מצרימה ויאמר אל שרי אשתו הנה נא ידעתי כי אשה יפת מראה את. **פירש רש"י** – מנהג בעולם שעל ידי **טורח הדרך, אדם מתבזה.**
24

בספר אוצרות חיים ליתא גילוי.
25

גמרא בבא מציעא דק"ז ע"ב – ואמר ריש לקיש, קשוט עצמך ואחר כך קשוט אחרים.
26

כלל – רישימו הוא בחינת הארה הנשארת אחרי הסתלקות האור, והיא בחינת המלכות דאותו אור שהסתלק.
27

כאשר הכתר הסתלק לפה דא"ק, המלכות הפסידה את היחידה הפנימית, ונשארה עם נרנ"ח פנימיים. ז"א הפסיד את החיה הפנימית, ונשאר עם נר"ן פנימיים. הבינה הפסידה את הנשמה הפנימית, ונשארה עם רוח ונפש פנימיים. החכמה הפסידה את הרוח הפנימית, ונשארה עם נפש פנימית בלבד. עם כל זאת, כאשר האורות האלו הסתלקו, הם השאירו רשימו במקומם, כי כל אור שמסתלק **תמיד** משאיר רשימו במקומו מעיקרא, ובחינה זאת לא נעקרת משם לעולם. לכן בספירת החכמה נשאר רשימו דרוח דחכמה, בבינה נשאר רשימו דנשמה דבינה, בז"א נשאר רשימו דחיה דז"א, ובמלכות נשאר רשימו של היחידה דמלכות.
תרשים ד – ב.
ע"ח ש"ו פ"ו דכ"ב מ"ב ע"א - עוד יש בחינה אחרת גדולה ורב התועלת, והוא כי לעולם אפילו כשמסתלקין אינם מסתלקין לגמרי בכל בחינותיהן עצמן ועולין, אמנם מניחין מכאן ומבחינת עצמן קצת הארה למטה, במקום אשר עמדו שם בראשונה, **וזה הארה אינה נעקרת משם לעולם ועד**, אף גם בעת עלותן למעלה. הארה הזאת נקרא **רשימו**, בסוד שמני כחותם על לבך, הנזכר סוף פרשת משפטים, בסבא דקי"ד ע"א.
28

דא"ק, והחכמה עלתה למקום הכתר מעיקרא, והבינה למקום החכמה, והחסד למקום הבינה, והגבורה למקום החסד, והתפארת למקום הגבורה, והנצח למקום התפארת, וההוד למקום הנצח, והיסוד למקום ההוד, **ובאותו זמן סיימה המלכות** דעקודים **לעלות עד** לי"ג[31] **סיום** אלא רק גורסים **היסוד**, ובכך התקרבה המלכות מדרגה אחת יותר קרוב אל המאציל, וכן שאר הספירות התקרבו כל אחת מדרגה יותר קרוב אל המאציל, **אז**[32] **חזר להאיר בה** המאציל **בעצם (המאציל)** את אור הכתר **כבתחזלה** שהוא מוחין דיחידה דיחידה דפנים, והוא **בבזינת היחידה** עצמות הפנימית **שבה, כי אזור שעלה** אור **הכתר במאציל, גם היא** המלכות **עלתה ביסוד, והיתה מדריגה אזות קרובה יותר אל המאציל, והיתה**[33] **מקבלת**[34] **עתה ממנו**[35] מהמאציל שהוא פה דא"ק, את עצמות היחידה, (נ"א יותר

איפה שלימה ד"ד ע"א – וכאשר סיים הכתר להתעלם וסיימה המלכות וכו'. מזה משמע שכולם עולים ביחד זה אחר זה בבת אחת, כי כשהתחיל הכתר לעלות במאציל, תכף ומיד התחילה גם החכמה לעלות בכלי הכתר, והבינה בכלי החכמה, וכן השאר. וכדמפורש בהדיא בשער הקדמות די"ג ע"א וז"ל - וזה הדבר נמשך עד גמר סיום עליית הכתר במאציל, שאז גם כן נגמר סיום עליית המלכות במקום היסוד, יעו"ש. וכן משמע בריש פרק א' משער מטי ולא מטי, שכתב שם וז"ל - ולפי שכאשר האור הראשון חזר ונסתלק, היה מסתלק בבת אחת וברגע אחד וכו', יעו"ש. וכן הבין הרב יפה שעה לקמן בפרק ה' באות א', ובשער מטי ולא מטי אות א', יעו"ש. ודלא כמו שכתב הרב שפת אמת לקמן בפרק ה' אות ג', יעו"ש.
29

בית לחם יהודה ש"ו פ"ד – וכאשר סיים הכתר להתעלם, וסיימה המלכות לעלות. מבואר מזה שכולם היו עולים ביחד, בבת אחת, כדמיון שלשלת העשויה מעשר טבעות, כי כאשר תמשיך טבעת הראשונה, ימשכו כולם אחריה, וכמפורש בהדיא בשער הקדמות דף י"ד ע"ד ז"ל - וזה הדבר נמשך עד גמר סיום עליית הכתר במאציל, שאז גם כן נגמר עליית המלכות במקום היסוד (אש"ל).
30

ע"ח ש"ו פ"ו מ"ב דכ"ח ע"ג – ואחר אשר הושלם אור הכתר להסתלק ולהתעלם במאציל לגמרי, אז כל האורות שתחתיו חוזרים להאיר כבראשונה ממש, וגם ניתוסף בהם אורות הנוספות כנ"ל. וטעם הדבר הוא כי הנה כאשר נשלם הכתר להתעלם במאציל, גם שאר אורות עלו במדריגה אחת יותר ממה שהיה להם בתחלה, וכולן עלו זה אחר זה, עד שנמצאת אור המלכות במקום שהיה בו בתחלה אור היסוד, והיא יותר קרובה מדריגה אחת אל המאציל ממה שהיה בתחלה, והיא מקבלת עתה מן המאציל כל מה שהיה בה בתחלה, והיא יחידה פנימית, ועוד אור הנוספת שהוא מקיף התחתון דבחינת חיה כנ"ל. וכן היה הענין בז"א, ובחו"ב, שכולם חזרו לקבל הארה אחת עם תוספות האורות.
31

בספר אוצרות חיים ליתא סיום.
32

בית לחם יהודה ש"ו פ"ד – אז חזר להאיר בה בעצם כבתחלה בחינת יחידה שבה. היינו יחידה הפנימית, וגם נתוסף בה בחינת מקיף דחיה, כי עכשיו עלתה במקום היסוד, כמו שכתוב בפרק ג'.
33

שמן ששון ש"ו פ"ד די"ג ע"ג אות א' – והיתה מקבלת עתה ממנו וכו'. נ"ב מן המאציל, ועיין לקמן פרק ו', וכך כתב בשער ההקדמות ואו"ח שם.
34

בית לחם יהודה ש"ו פ"ד – והיתה מקבלת עתה ממנו. פירוש מן המאציל עצמו, כמבואר בסוף פרק ו' דלקמן, ובשער הקדמות די"ג ע"א וז"ל - ומה שהיתה מקבלת תחלה מהכתר להיותה למטה, היא מקבלת עכשיו מן המאציל עצמו, כיון שנתעלת ונתקרבה אליו מדרגה אחרת, יעו"ש. וכך כתב בפרק ו' דלקמן ונבאר סדר וכו' (ש"ש).
35

במוה) שהיא הבחינה **מה שהיתה מקבלת** המלכות **מקודם מן הכתר** לפני שחזר לפה דא"ק.
ר"ל שהמלכות קבלה בחזרה מהמאציל את המוחין שקבלה לפני שעלה הכתר לפה דא"ק, והוא היחידה הפנימית, ולפי
שאור המלכות התקרב אל המאציל מדרגה אחת, לכן קבלה המלכות עוד שפע, ונוסף למלכות מקיף דחיה[36], וכן שאר
הספירות קבלו כל אחת את המדרגה שהיתה להם לפני שהסתלק הכתר לפה דא"ק, עם עוד תוספת.

אַך כָּל זְמַן שֶׁלֹּא סיים הַכֶּתֶר לַעֲלוֹת לפה דא"ק, והפנים דכתר היו כלפי פה דא"ק, כי בזמן
עליית אור הכתר למאציל[37], כל רצונו של הכתר להדבק במאציל, לכן היו אחוריו אל הספירות שמתחתיו, **אָז** בזמן
העלייה לפה דא"ק **הָיָה הַכֶּתֶר מַפְסִיק בֵּין** ל"ג[38] **מַאֲצִילָה** אלא צריך לגרוס **הַמַאֲצִיל וּבֵינָה**
ר"ל לבין המלכות שגם היא עסוקה לעלות ליסוד, ולאו דוקא המלכות אלא כל שאר הספירות שמתחת לכתר,
וְהַכֶּתֶר עַצְמוֹ הָעוֹלֶה בחזרה לפה דא"ק **גַּם כֵּן לֹא הָיָה מֵאִיר בָּה** ר"ל במלכות, את עצמות אור
היחידה הפנימית, אלא מאיר המאציל למלכות דרך אחוריים דכתר, מבחינת אור אחוריים[39]. **וְכֵן עַל דֶּרֶך זֶה**
הוּא אצל ז"א, שכל אחד מחלקיו עולה מדרגה, **(נ"א גַּם הֹז"א)** לא מאיר בו הכתר **בִּבְזוֹינַת** עצמות אור

 – ר"ל מן המאציל, עיין בפרק ז'.
36

וכן שאר הספירות התקרבו מדרגה אחת למאציל, וקבלו בחזרה מהמאציל את מה שנחסר להם בעליית הכתר
לפה דא"ק, ועוד קבלו תוספת על מה שהיה להם לפני שעלה הכתר לפה דא"ק. כאשר החכמה קבלה בחזרה
את בחינת הרוח הפנימית, ונוסף לה את בחינת הנשמה הפנימית. הבינה קבלה בחזרה את בחינת אור הנשמה
הפנימית, ונוסף לה אור החיה הפנימית. ז"א קבל בחזרה את בחינת החיה הפנימית, ונוסף לו בחינת היחידה
הפנימית. והמלכות קבלה בחזרה את בחינת אור היחידה הפנימית, ונוסף לה מקיף דחיה.
תרשים ד – ג.
37

ע"ח ש"ו פ"ו מ"ב דכ"ח ע"ג – ודע כי זה שאמרנו כי בחזרת כל אור ואור להתעלות במאציל, היה ניתוסף
הארה ושלימות גמור באורות שתחתיו, אין הדבר הזה (נ"א אין זה מדבר **בהיותן עולין ומסתלקים,** כי
אדרבא אז היה חסרון אור בכל האורות שתחתיו. לפי שכיון שאורות ראשונים הפכו פניהם לעלות **ולידבק**
במאציל, אין רצונם להאיר למטה, וגם המאציל אינו מאיר באורות תחתונים, כי באמת אורות עליונים בהיותם
מסתלקים הם מפסיקים בין המאציל אליהם, כי העליונים אינם רוצים לקבל הארה לתת לתחתונים **בעודם**
חשקים ותאבים לעלות להדבק במאציל, ואדרבא יש חסרון באורות התחתונים ממה שהיה להם בראשונה.
אמנם תוספת אורות הנ"ל אינם אלא לאחר שנגמר האור העליון להתעלות בשורשו.
38

כך הגירסא בספר אוצרות חיים.
39

ביציאה הראשונה של הספירות דעקודים מפה דא"ק:
בצאת המלכות מפה דא"ק, היה למלכות בחינת נפש.
בצאת ז"א מפה דא"ק, היה למלכות בחינת נפש ורוח, ולז"א נפש.
בצאת הבינה מפה דא"ק, היה למלכות נר"ן, לז"א נפש ורוח, ולבינה נפש.
בצאת החכמה מפה דא"ק, היה למלכות נרנ"ח, לז"א נר"ן, לבינה נפש ורוח, ולחכמה נפש.
בצאת הכתר מפה דא"ק, היה למלכות נרנח"י, לז"א נרנ"ח, לבינה נר"ן, לחכמה נפש ורוח, ולכתר נפש.
תרשים ד – ד.
בזמן עליית הכתר דעקודים לפה דא"ק.
הסתלקה בחינת אור היחידה דמלכות, ונשארה המלכות עם נרנ"ח פנימיים, ומקבלת אור דאחור מהמאציל.
תרשים ד – ה.

הזיוה הפנימית **שֱהיה מקֱבל מן הכתר** כשיצא הכתר מפה דא"ק, אלא מאיר בז"א בחינת אור האחור בזמן עליית הכתר לפה דא"ק[40]. **וכֵן עֱל דֱרֱך זֱה** בזמן שהחכמה היתה עסוקה לעלות למקום הכתר, לא קבלה **הֱחֱכמה** את עצמות אור הרוח הפנימית מהכתר. אלא הכתר מאיר דרך אחור בחכמה. **וכן הֱבֱינֱה** לא מקבלת את עצמות אור הנשמה הפנימית מהכתר בזמן עליתה למקום החכמה, אלא מקבלת דרך אחור דכתר. **וכֱיוצֱא בֱהֱם** שכל הבחינת האורות שקבלו הספירות בצאת הכתר דעקודים מפה דא"ק, הסתלקו **בזמן** חזרת הכתר למאציל, כמו שמבאר הרב ז"ל, הסתלק אור היחידה מהמלכות, אור החיה מז"א, אור הנשמה מהבינה[41], ואור הרוח מהחכמה[42]. ונשאר בכל ספירה וספירה רק את **בחינת הרשימו של אור הכתר שניתן לאותה ספירה.** וכאשר נעלם אור הכתר דעקודים בתוך פה דא"ק, קבלה כל ספירה וספירה את הבחינות שחסרו לה בזמן עליית הכתר בפה דא"ק, ועוד תוספת[43].

הרב ז"ל מבאר את עליית אור החכמה דעקודים. **לפי פשט דברי הרב ז"ל** משמע שעלה אור החכמה לפה דא"ק הנקרא מאציל, וכל הספירות שמתחת לחכמה הפסידו את האורות שקבלו בעת צאת החכמה מפה דא"ק. **בעומק דברי הרב ז"ל** מדובר על האורות הנפסדים מהספירות התחתונות **בעת עליית החכמה למקום הכתר מעיקרא, כאשר הכתר נקרא מאציל של החכמה,** ר"ל **אור החכמה לא עולה לפה דא"ק, אלא למקום הכתר דעקודים,** כמו שמבואר בפרק ו' דשער זה[44]. לכן באותו זמן שהיה אור הכתר עולה לפה דא"ק, אור החכמה[45] היה עולה למקום הכתר, אז הסתלקו

---

[40]

בזמן עליית הכתר דעקודים לפה דא"ק.
הסתלק בחינת אור החיה דז"א, ונשאר ז"א עם נרנ"ח, ומקבל אור דאחור מהמאציל.
תרשים ד – ו.

[41]

בזמן עליית הכתר דעקודים לפה דא"ק.
הסתלק בחינת אור הנשמה מהבינה, ונשארה עם נפש ורוח, ומקבלת אור דאחור מהמאציל.
תרשים ד – ז.

[42]

בזמן עליית הכתר דעקודים לפה דא"ק.
הסתלק בחינת אור הרוח דחכמה, ונשאר עם נפש בלבד, ומקבל אור דאחור מהמאציל.
תרשים ד – ח.

[43]

כאשר אור הכתר דעקודים נעלם בפה דא"ק:
אור הכתר השתלם תוך פה דא"ק.
אור החכמה עלה למקום הכתר מעיקרא, וקבל בחזרה את בחינת הרוח דליה, ותוספת של אור הנשמה.
אור הבינה עלה למקום החכמה מעיקרא, וקבלה בחזרה את בחינת הנשמה דליה, ותוספת של אור החיה.
אור דז"א)כל אחד מהספירות דז"א עלה מדרגה אחת, כאשר אור החסד עלה לבינה, גבורה לחסד, תפארת לגבורה, נצח לתפארת, הוד לנצח, יסוד להוד(עלה, וקבל בחזרה את אור החיה דליה, ותוספת אור היחידה.
אור המלכות עלה למקום ז"א)היסוד(, וקבלה המלכות בחזרה את אור היחידה דליה, ותוספת אור מקיף דחיה.
תרשים ד – ט.

[44]

ע"ח ש"ו פ"ו מ"ו דכ"ח ע"ג – וכן כאשר גם אור החכמה היה מסתלק **לעלות אל מקום אור הכתר,** אז מסתלק מאור)נ"א מתוך(המלכות מה שקבלה על ידי אור החכמה, וכן מכל שאר האורות, והוא בחינת חיה פנימית מן המלכות, וכן על דרך זה בשאר אורות ז"א ובינה, ולא נשאר בהם רק בחינת רשימו בלבד כנ"ל. וכאשר נגמרה עליית אור של חכמה במקום כתר, אז חזר בחינת האור כבראשונה להאיר להם, כל הבחינות שהיו בתחלה, ועוד אורות נוספים כנ"ל.

[45]

מהמלכות אור היחידה ואור החיה, ונשאר בה רק הרשימו של אורות האלה. וכן הסתלקו משאר הספירות בחינת האורות שקבלו מהכתר והחכמה. וכן שהסתלקה הבינה[46] והיתה עולה למקום החכמה מעיקרא, בזמן עליית הכתר לפה דא"ק, הסתלקה בחינת הנשמה מהמלכות, ונשארה עם הרשימו שלה, ומז"א הסתלק בחינת הרוח שקבל מהבינה, ומהמלכות בחינת הנשמה שקבלה מהבינה. וכן כאשר ז"א[47] היה עולה למקום הבינה מעיקרא, נסתלק ממנו בחינת הנפש דליה, ומהמלכות הסתלק בחינת אור הרוח הפנימי. וכן המלכות[48] שהיתה עולה למקום ז"א הסתלק ממנה בחינת הנפש דליה.

כללו של דבר, בזמן שהכתר מסתלק לפה דא"ק, מכל הספירות התחתונות מסתלקים כל האורות שקבלו בתוספת לנפש שלהם, שקבלו בזמן צאתם מפה דא"ק. בע"ה כאן הביאור בעומק דברי הרב ז"ל. **וכן**[49] **כשעלה**

חכמה דעקודים **למעלה במאצילה** שהוא כתר דעקודים, **נסתלקה מן המלכות** אור החיה הפנימית שהוא **הזולק שהיה מגיע אליה במזלו** ר"ל מספירת החכמה, בזמן שהחכמה יצאה בפעם הראשונה מפה דא"ק, **ולא נשאר בה רק רשימו** של החיה והיחידה הפנימיים **לבד**, וכן בזמן עליית החכמה למקום הכתר, הסתלק מז"א אור הנשמה הפנימית שקבל בצאת החכמה מפה דא"ק, ואיתו אור החיה שקבל ז"א בצאת הכתר מפה דא"ק, ונשאר ז"א עם הרשימו של האורות שהסתלקו. וכן בזמן עליית החכמה למקום הכתר הסתלק מהבינה אור הרוח הפנימית שקבלה בצאת החכמה מפה דא"ק, והנשמה הפנימית שקבלה בצאת הכתר

בזמן שאור החכמה דעקודים היה עולה למקום הכתר, והכתר למאציל:
מחכמה הסתלק בחינת הנפש, ונשאר כלי החכמה בלי אור, ורק אורות הרשימו.
מבינה הסתלק בחינת הרוח, ונשארה עם בחינת הנפש בלבד, ואורות הרשימו.
מז"א הסתלק בחינת הנשמה, ונשאר עם נפש ורוח, ואורות הרשימו.
מהמלכות הסתלק בחינת חיה, ונשארה עם נר"ן, ואורות הרשימו למלכות.
תרשים ד – י.
46

בזמן שאור הבינה דעקודים היה עולה למקום החכמה, והחכמה למקום הכתר, והכתר למאציל:
מבינה הסתלק בחינת הנפש, ונשאר כלי הבינה בלי אור, ורק אורות הרשימו.
מז"א הסתלק בחינת הרוח, ונשאר עם נפש בלבד, ואורות הרשימו.
מהמלכות הסתלק בחינת נשמה, ונשארה עם נפש ורוח, ואורות הרשימו למלכות.
תרשים ד – י"א.
47

בזמן שאור ז"א דעקודים היה עולה למקום הבינה, והבינה למקום החכמה, והחכמה למקום הכתר, והכתר למאציל:
מז"א הסתלק בחינת נפש, ונשאר כלי ז"א בלי אור, רק אורות הרשימו.
מהמלכות הסתלק בחינת הרוח, ונשארה עם נפש בלבד, ואורות הרשימו למלכות.
תרשים ד – י"ב.
48

בזמן שאור המלכות דעקודים היה עולה למקום ז"א, וז"א למקום הבינה, והבינה למקום החכמה, והחכמה למקום הכתר, והכתר למאציל:
מהמלכות הסתלק בחינת הנפש, ונשאר כלי המלכות בלי אור, ואורות הרשימו למלכות.
תרשים ד – י"ג.
49

בית לחם יהודה ש"ו פ"ד – וכן כשעלתה החכמה למעלה במאצילה, נסתלקה מן המלכות החלק שהיה מגיע אליה ממנו. הנה החלק שמגיע אליה מהחכמה הוא בחינת חיה הפנימית, ולפי זה צריך לגרוס שגם יחידה הפנימית נסתלקה, כי אי אפשר להיות היחידה בלי חיה, ומה שנסתלק ממנה בחינת המקיף לחיה. ועוד סיבה שניה כי בעליית החכמה, היה מפסיק בינה לבין הכתר שעלה במאציל, וממילא מסתלקין ממנה גם היחידה ומקיף החיה, כענין מה שכתב רז"ל בבחינת עליית הכתר למאציל, שהיה מפסיק בינתיהם, וכן תקיש אל שאר העליות.

דא"ק, ונשארה הבינה עם הרשימו של האורות שהסתלקו. **עד** שהשלים הכתר לעלות ולהעלם בפה דא"ק, באותו זמן **שהשלימה החכמה לעלות למאצילה** שהוא כתר דעקודים.

ואחרי שעלה אור החכמה למקום הכתר, **אז חזר** והאיר המאציל את **האור** שהיה בספירות לפני שעלתה החכמה למקום כתר דעקודים **כבתחזלה (אליהם)**[50] עם תוספת האורות שקבלו כי התקרבו מדרגה אחת אל המאציל.

וכן תקיש מזה אל כל השאר הספירות, כי בזמן שעלה הכתר לפה דא"ק, באותו זמן עלתה החכמה למקום הכתר דעקודים, ובאותו זמן הבינה עלתה למקום החכמה דעקודים, והסתלק מהמלכות בחינת הנשמה שקבלה מהבינה, עם האורות שקבלה מהכתר והחכמה, ומז"א הסתלק מהכתר והחכמה, והבחינות שקבל מהכתר והחכמה, ונשארו ז"א והמלכות רק עם הרשימו של האורות.

וכן באותו זמן שהכתר, חכמה, ובינה היו עולים כל אחד למדרגה שמעליו, ז"א היה עולה למקום הבינה, והסתלק מהמלכות אור הרוח הפנימי שנתן לה ז"א בזמן שיצא מפה דא"ק, ונשארה רק עם הרשימו דאור זה.

וכן באותו זמן שעלו כתר, חכמה, בינה, וז"א כל אחד למדרגה שמעליו, גם אור המלכות עלה למקום ז"א (היסוד), והסתלק מהנפש בחינת הנפש דליה, ונשארה עם עם בחינת הרשימו דנרנח"י שלה.

יוצא לפי זה כי מכל הספירות הסתלקו כל האורות שקבלו בצאת הספירות העליונות להם מפה דא"ק, וכל זה קרה בזמן עליית הכתר לפה דא"ק, החכמה למקום הכתר, הבינה למקום החכמה, ז"א למקום הבינה, והמלכות למקום היסוד דז"א, **כי הם חלוקות רבים** צ"ל רבות. **כי** לא גורסים[51] **כשכלתה**[52] (צריך לגרוס **כשהתחזלה**) **החכמה לעלות במקום הכתר** דעקודים, כמו שהתבאר לעיל, **נסתלקה הארתה** שהאירה (נ"א תסתלק הארתו) **מכל** הספירות **אשר למטה ממנה**, ממלכות הסתלק עצמות אור החיה הפנימית, מז"א עצמות אור הנשמה הפנימית, ומבינה עצמות אור הרוח הפנימי. **(נ"א ממנו) וכשכבר עלתה** החכמה **במקום הכתר, אז חזר** אור החכמה והאיר **כבתחזלה** בספירות שמתחת לחכמה, כאשר המלכות קבלה בחזרה את עצמות אור החיה הפנימית מהחכמה, ז"א קבל מהחכמה את עצמות אור הנשמה הפנימית, והבינה קבלה מהחכמה את עצמות אור הרוח הפנימי, וכמובן קבלה כל ספירה את האורות שנסתלקו ממנה בסילוק הכתר לפה דא"ק עם תוספת.

וכשחזר אור החכמה ב**פעם** השניה **לעלות** ממקומה הנוכחי שהוא מקום הכתר דעקודים **במאציל** העליון שהוא פה דא"ק, הפנים דחכמה היו אל פה דא"ק ואחוריו לספירות התחתונות, ובזמן זה **נסתלק האור** שהאירה החכמה[53] ב**פעם השנית** בכל הספירות, כאשר מהמלכות הסתלק עצמות אור החיה הפנימית, מז"א עצמות

50

תרשים ד – י"ד.

51

הגירסא בעץ חיים כתב יד למרן הרש"ש היא **כי כשהתחילה החכמה לעלות בכתר.**

52

שמן ששון ש"ו פ"ו די"ג ע"ג – כי כשכלתה החכמה, נ"ב כשהתחילה, מה שכתוב לא היה מאיר בה וכו', היינו בבחינת הפנים דאור האחורים היה מאיר כנזכר לקמן פרק ה', ופרק ו', ופרק ז'.

53

אור הנשמה הפנימית, ומהבינה עצמות אור הרוח הפנימי, וכמובן הסתלקו גם האורות שקבלו הספירות בצאת הכתר
מפה דא"ק, ותוספת האורות מהמאציל כאשר הספירות עלו מדרגה, ונשאר רק הרשימו בספירות התחתונות.

וכן באותו זמן שהיה אור החכמה עולה למאציל, הבינה[54] שהיתה במקום החכמה מעיקרא, היתה עולה למקום הכתר
מעיקרא, בזמן זה הפסידו הספירות התחתונות את האורות שקבלו בזמן צאת הבינה מפה דא"ק בהתפשטות הראשונה.

וכן באותו זמן שעולה אור החכמה למאציל, ואור הבינה למקום הכתר מעיקרא, ז"א( )חסד דז"א[55] שהיה במקום הבינה
מעיקרא, היה עולה למקום החכמה מעיקרא, בזמן זה הפסידה המלכות את אור הרוח שקבלה מז"א.

וכן באותו זמן שהיה אור החכמה עולה למאציל, ואור הבינה לכתר, ואור חסד דז"א לחכמה, המלכות[56] שהיתה במקום
יסוד דז"א, היתה עולה למקום הוד דז"א, נסתלק אור הנפש דליה. כך שכל בחינות דעקודים הפסידו את כל האורות
שלהם, ונשארו רק עם בחינת הרשימו לכל אחד מהם. **וכשנגמרה** החכמה **לעלות** לפה דא"ק, ונתעלמה שם
וחזר האור לאיתנו ר"ל חזרו כל הספירות התחתונות לקבל[57] את אורם הראשון, עם תוספת מהמאציל מפני

בזמן שאור החכמה דעקודים היה עולה לפה דא"ק:
מהמלכות הסתלק בחינת אור החיה הפנימית שקבלה מהחכמה, וכן הסתלק אור היחידה הפנימית שקבלה
מהכתר, והתוספת שהוא אור מקיף דחיה שקבלה שהכתר נעלם בפה דא"ק. ונשארה המלכות עם נר"ן
פנימיים.
מז"א הסתלק בחינת אור הנשמה שקבלמהחכמה, והסתלק אור החיה שקבלמהכתר, והתוספת שהוא אור
היחידה הפנימית שקבלשהכתר נעלם בפה דא"ק, ונשאר ז"א עם נפש ורוח פנימיים.
מהבינה הסתלק בחינת אור הרוח שקבלה מהחכמה, והסתלק אור הנשמה שקבלה מהכתר, והתוספת שהוא
אור החיה הפנימית שקבלה שהכתר נעלם בפה דא"ק, ונשארה הבינה עם נפש פנימית דליה.
מהחכמה הסתלק אור הנפש הפנימית שקבלה בעת צאת החכמה מפה דא"ק, והסתלק אור הרוח שקבלה
מהכתר, והתוספת שהוא אור הנשמה שקבלה שהכתר נעלם בפה דא"ק.
תרשים ד – ט"ו.
54

בזמן שאור הבינה דעקודים היה עולה למקום הכתר, והחכמה למאציל:
מבינה הסתלק בחינת אור הנפש.
מז"א הסתלק בחינת הרוח, ונשאר עם נפש בלבד.
מהמלכות הסתלק בחינת נשמה, ונשארה עם נפש ורוח.
תרשים ד – ט"ז.
55

בזמן שאור ז"א דעקודים היה עולה למקום החכמה, והבינה למקום הכתר, והחכמה למאציל:
מז"א הסתלק בחינת הנפש.
מהמלכות הסתלק בחינת רוח, ונשארה עם נפש בלבד.
תרשים ד – י"ז.
56

**בזמן שאור המלכות דעקודים היה עולה למקום ז"א)הוד דז"א(, וז"א)חסד דז"א(למקום החכמה,
והבינה למקום הכתר, והחכמה למאציל:**
מהמלכות הסתלק בחינת הנפש.
תרשים ד – י"ח.
57

כאשר אור החכמה דעקודים נעלם בפה דא"ק:
אור החכמה השתלם תוך פה דא"ק.
אור הבינה עלה למקום הכתר מעיקרא, וקבלבחזרה את בחינות הנרנ"ח דליה, ותוספת של אור היחידה
הפנימית.

25

שעלו עוד מדרגה. כך למלכות חזר עצמות אור הנרנח"י הפנימים ומקיף דחיה, וקבלה תוספת מהמאציל את המקיף דיחידה. לז"א חזר עצמות אור הנרנח"י, וקבל מהמאציל ומקיף דחיה. והבינה חזר עצמות אור הנרנ"ח הפנימים, ועוד קבלה הבינה מהמאציל את עצמות אור היחידה הפנימית.

והבעיין [58] והמשכיל **בעצמו יבין שאר החילוקים** הרבים שיש בעליית הספירות למדרגה היותר עליונה, ובעת העולם תוך פה דא"ק, ובעת חזרת עצמות האורות להאיר, ותוספת כל ספירה וספירה שמקבלת מהמאציל.

וכן **על דרך זה בעניין המקיפים** דחיה ויחידה **דז"ן שלוקחים בעת חזרתן** של עצמות האורות, והתוספת שמקבלים מהמאציל, **וזה אחרי הסתלקותן** של הכתר והחכמה דעקודים **למעלה** בפה דא"ק.

ועל דרך זה, בזמן הסתלקות אורות דבינה [59] לפה דא"ק, הסתלקו האורות שנתנה הבינה לז"א ולמלכות עם כל האורות שקבלו מהחכמה והכתר, וגם הסתלקו מהם כל האורות שנתוספו להם כאשר החכמה נעלמה בפה דא"ק. וכאשר גמרה הבינה לעלות תוך פה דא"ק, ונעלמה במאציל, המאציל [60] חזר והאיר לתחתונים עם תוספת אורות.

אור דז"א) כל אחד מהספירות דז"א עלה מדרגה אחת, כאשר אור החסד עלה לחכמה, גבורה לבינה, תפארת לחסד, נצח לגבורה, הוד לתפארת, יסוד לנצח(עלה למקום החכמה, וקבלבחזרה את בחינות הנרנח"י דליה, ותוספת מקיף דחיה.

אור המלכות עלה למקום ז"א)הוד דז"א(, וקבלה המלכות בחזרה את אורות הנרנח"י הפנימים ומקיף דחיה, ותוספת מקיף דיחידה.
תרשים ד – ט.

58

הפרטים, ופרטי הפרטים, ופרטי פרטי הפרטים של הארת הספירות זאת בזאת, העלייה של כל ספירה וספירה, וחזרתה לפה דא"ק, סילוק עצמות האורות וחזרתם, ועוד, כל זה מבואר בשער מטי ולא מטי דעץ חיים. **כרם שלמה ש"ו פ"ד אות ג'** – ומה שכתוב כי הם חלוקות קבים, כי כשהתחילה החכמה לעלות וכו'. ר"ל דמלבד מה שיש הסתלקות האורות בעליית הכתר להמאציל, ובעליית החכמה גם כן להמאציל, ובעליית הבינה והז"א להמאציל שאמרנו לעיל, שיש הסתלקות הארות מהספירות שתחתיהם, במשך זמן עלייתם להמאציל, הסתלקות של פעם אחת תכף בגמר עלייתם להמאציל, חזרו בהם הארות ועוד ההארות הניתוספות בהם. **אבל צריך שתדע שיש עוד חלוקות רבים בזה.** כי בעליית הכתר דוקא יש הסתלקות פעם אחת, וחזרה פעם אחת. אבל בעליית החכמה יש ב' פעמים הסתלקות, וב' פעמים חזרות. וכן בעליית הבינה ממקומה אל המאציל, יש ג' פעמים הסתלקות מן הספירות שתחתיה, וג' פעמים חזרות של האורות להם. וכן בעליית ז"א להמאציל יש ד' פעמים הסתלקות, וד' פעמים חזרות. והרב ז"ל בכאן ביאר דוקא עליית החכמה ממקומה להמאציל, שיש ב' פעמים הסתלקות, וב' פעמים חזרות, ולא ביאר כאן יותר, וממנו תלמוד לשאר.

59

בזמן שאור הבינה דעקודים היה עולה לפה דא"ק:
מהמלכות הסתלק בחינת אור הנשמה הפנימית שקבלה מהבינה, וכן הסתלק אור החיה שקבלה מהחכמה, ואור היחידה הפנימית שקבלה מהכתר, והתוספת ב' האורות המקיפין, שהם מקיף דחיה, ומקיף דיחידה. ונשארה המלכות עם נפש ורוח פנימים.

מז"א הסתלק בחינת אור הרוח שקבל מהבינה, והסתלק אור הנשמה שקבל מהחכמה, ואור החיה שקבל מהכתר. והתוספת שהוא אור היחידה הפנימית, ומקיף דחיה, ונשאר ז"א עם נפש בלבד.

ומהבינה מסתלקים כל בחינות הנרנח"י הפנימים דליה.

וכן על דרך זה כל ספירה וספירה מהו"ק עולות מדרגה אחרי מדרגה, וגם המלכות עולה אחרי הו"ק, עד שבזמן הסתלקות זז"א[61] למאציל, המלכות הפסידה את בחינת הרוח שקבלה מז"א, ואת כל האורות שקבלה מהבינה, החכמה והכתר. וכאשר גמר הז"א לעלות תוך פה דא"ק, ונעלם במאציל, המאציל[62] חזר והאיר להאיר למלכות את כל אורות שהפסידה.

תרשים ד – כ'.
בזמן שאור ז"א דעקודים היה עולה למקום הכתר, והבינה למאציל:
מז"א הסתלק בחינת הנפש.
מהמלכות הסתלק בחינת רוח, ונשארה עם נפש בלבד.
תרשים ד – כ"א.
בזמן שאור המלכות דעקודים היה עולה למקום ז"א)נצח דז"א(, וז"א)חסד דז"א(למקום כתר, והבינה למאציל:
מהמלכות הסתלק בחינת הנפש דליה.
תרשים ד – כ"ב.
60

כאשר אור הבינה דעקודים נעלם בפה דא"ק:
אור הבינה השתלם תוך פה דא"ק.
אור דז"א)כל אחד מהספירות דז"א עלה מדרגה אחת, כאשר אור החסד עלה לכתר, גבורה חכמה, תפארת לבינה, נצח לחסד, הוד לגבורה, והיסוד לתפארת(עלה למקום הכתר, וקבל בחזרה את בחינות הנרנח"י דליה, ואת מקיף דחיה, וקבל בתוספת את המקיף דיחידה.
אור המלכות עלה למקום ז"א)נצח דז"א(, וקבלה המלכות בחזרה את אורות הנרנח"י הפנימיים ומקיף דחיה ויחידה, ולא נתוסף בה עוד אור.
תרשים ד – כ"ג.
61

בזמן שאור ז"א דעקודים היה עולה לפה דא"ק:
מהמלכות הסתלק בחינת אור רוח הפנימית שקבלה מז"א, וכן הסתלק אור הנשמה שקבלה מהבינה, ואור החיה שקבלה מהחכמה, ואור היחידה הפנימית שקבלה מהכתר, והתוספת ב' האורות המקיפין, שהם מקיף דחיה, ומקיף דיחידה. ונשארה המלכות עם נפש ורוח פנימיים.
מז"א הסתלק בחינת אור הנפש דליה, ובחינת הרוח שקבל מהבינה, ואור הנשמה שקבל מחכמה, ואור החיה שקבל מהכתר. והתוספת אור היחידה הפנימית, ומקיפי דחיה ויחידה.
תרשים ד – כ"ד.
בזמן שאור המלכות דעקודים היה עולה למקום הכתר מעיקרא, וז"א למאציל:
מהמלכות הסתלק בחינת הנפש דליה.
תרשים ד – כ"ה.
62

כאשר אור ז"א דעקודים נעלם בפה דא"ק:
אור דז"א השתלם תוך פה דא"ק.
אור המלכות עלה למקום בכתר מעיקרא, וקבלה המלכות בחזרה את אורות הנרנח"י הפנימיים ומקיף דחיה ויחידה, ולא נתוסף בה עוד אור.
תרשים ד – כ"ו.

ועל דרך זה גם זה אור הנפש דמלכות[63] הסתלק לפה דא"ק, ואיתו כל תוספת האורות והמקיפין• כך נעלמו כל עשר האורות דעקודים בפה דא"ק, לכתר[64] נשאר רשימו בלי כלי, לחכמה בינה וז"א נשאר רשימו וכלי, ולמלכות נשאר כלי בלי רשימו•

63

שאור מלכות דעקודים עלה לפה דא"ק:
מהמלכות הסתלק בחינת אור הנפש הפנימית דליה, וכן הסתלק אור הרוח שקבלה מז"א, והנשמה שקבלה מהבינה, ואור החיה שקבלה מהחכמה, ואור היחידה הפנימית שקבלה מהכתר, והתוספת ב' האורות המקיפין, שהם מקיף דחיה, ומקיף דיחידה. ונשארה המלכות בלי אור פנימי ומקיף **ובלי רשימו.**
תרשים ד – כ"ז.
64

תרשים ד – כ"ח.
ע"ח ש"ו פ"ה מ"ת דכ"ז ע"ב – וכשעלה יסוד הניח רשימו במקומו, וכשבא האור לו דרך אחוריו הכה בזה הרשימו ונפלו ממנו נצוצין, ונעשה ממנו בחינת כלים של היסוד, ואז אותו הרשימו היה מאיר בכלי זה מרחוק, ולא נכנס בתוכו, והם סוד התגין וכמו שנבאר בע"ה בדרוש הנקודים, עיין שם. וכן עשו כל הספירות, חוץ מכתר שהניח הרשימו לצורך החכמה, אבל לא עשה בחינת כלי, לפי שבשלמא שאר הספירות בהעלותם למעלה על ידי הכאה במה שלמעלה מהם,)נ"א הכאה של הרשימו(היה נעשית בחינת הכלים, אך הכתר לא יש מי שיכה ברשימו שלו)נ"א אותו בעלייתו(, לכן לא נגמר עדיין הכלי שלו, **והרי כי הכתר הניח רשימו ולא כלי. ושאר הספירות הניחו רשימו וכלי. ומלכות הניח כלי ולא רשימו.**

כללים – והקדמות

כלל – כל בחינה[65] עליונה נקראת א"ס בערך מה שלמטה ממנה.
כלל – אפילו[66] א"ק נקרא זו"ן לערך הקודם אליו.
כלל – כל[67] ניצוץ קטן שבכל האצילות יש בו בחינת זכר ונקבה, הנקראים מ"ה ו ב"ן.

---

[65]

מבוא שערים ש"ב ח"ג פ"ג די"ג ע"ד – ונבאר זה בענין עולם האצילות, וממנו יתבאר לשאר העולמות כולם. הנה האור העליון היורד מא"ק אל עולם האצילות, הנה נקרא אותו האור א"ס, כי כל האורות שהם עליונים, נקראים א"ס לבחינת העולם אשר למטה ממנו.

[66]

שער ההקדמות, דרוש א"ק די"א ע"א – ועתה יתבאר ענין אחד נמשך מן האמור, והוא כי הנה שם אד"ם אינו נקרא אלא זכר והנקבה, שהם זעיר ונוקביה, שהם מ"ה ו ב"ן. **ונמצא כי א"ק הוא בחינת ז"א ונוקביה, מ"ה ו ב"ן בערך הקודם אליו, ודי בזה.**
רחובות הנהר ד"ג ע"ב – הרי נתבאר היטב מה שכתבנו, **כי אפילו א"ק עצמו הוא זו"ן, שהם ו"ק, שהם מ"ה ו ב"ן, בערך הקודם אליו.** ואלו המ"ה ו ב"ן הכוללים שבו, נפרטים לעסמ"ב, שהם עשר ספירות, החמשה פרצופים שבו.
רחובות הנהר ד"ט ע"א – כי אפילו א"ק עצמו, **נקרא זו"ן**, לערך הקודם אליו.

[67]

ע"ח ש"ט פ"ז דמ"ו ע"ב – דע כי אין לך ספירה וספירה, אפילו בעשר ספירות הפרטיות שבכל פרצוף ופרצוף, שאין בו בחינת **זכר ונקבה, והם ב"ן דנקודות ומ"ה החדש**, ואמנם אין ענין ב"ן הזה והנקבה זו בחינת מלכות העשירית שיש בכל ספירה וספירה, שהיא בחינה עשירית שבכל ספירה וספירה, אלא שיש בכל ספירה עשר בחינות, וכולם דמ"ה, ועשר בחינות וכולם דב"ן, והתשע ראשונות דמ"ה ו ב"ן הם נקרא תשע בחינות הראשונות של ספירה ההוא, והבחינה עשירית שהוא מלכות שבאותו ספירה עצמה, היא כלולה ממ"ה ו ב"ן. **כלל הדברים בקיצור נמרץ כי אין לך שום ניצוץ קטן שבכל האצילות, שאין בו מ"ה ו ב"ן.**
ע"ח ש"ט פ"ו מ"ב דמ"ה ע"ג – ואז נברא העולם במידת הדין, ויצאה בת מתחלה, שהיא **שם ב"ן** בפנים דא"ק. ואחר כך יצאו ענפיו לחוץ, דרך העין מטבורו דא"ק ולמטה, ולא נתקיימו הענפים שבחוץ. עד שחזרו להזדווג והולידו בן, שהוא **שם מ"ה** בפנים ובחוץ, והוא מידת הרחמים, ונתקיים העולם, כמו שאמרו רז"ל על הפסוק - ביום עשות הוי"ה אלהי"ם ארץ ושמים, והבן אמרם העולם, כי מציאת העולם הם השבעה תחתונות לבד, שהם זו"ן, **אלא בראשונה היו זו"ן נקבות**, מצד דין, שהוא שם ב"ן. ואחר כך **היו זו"ן זכרים, משם מ"ה.** כי כל מ"ה ו ב"ן נקרא בשם עולם.
ע"ח שי"ז פ"ג מ"ב דפ"ה ע"א – ודע כי המ"ה יש בו החו"ג, וכן בב"ן יש בו **מ"ה ו ב"ן** שהם החו"ג. כי כבר ידעת כי המ"ה דכללות שהוא הדר, כולל ע"ב ס"ג מ"ה ב"ן, וכן הב"ן דכללות כולל ע"ב ס"ג מ"ה ב"ן, שהם המלכים שמתו כנזכר לעיל.
רחובות הנהר ד"ה ע"ב – כל ספירה, וכל ניצוץ, **כלול ממ"ה ו ב"ן, מחוברים חיבור גמור.** אמנם כל צד המ"ה נקרא דכורא, יען הוא משפיע ומתקן לצד הב"ן, הנקרא נוקבא. וכל חסדים הם ממ"ה, וגבורות הם מב"ן.
ספר הזוהר, פרשת תזריע דמ"ג ע"ב עם תרגום וביאור - **תא חזי בא וראה, כל רוחין דעלמא כלילן דכר ונוקבא** כל הרוחות ר"ל הניצוצות שבעולם כלולים מזכר ונקבה, מ"ה ו ב"ן, **וכד נפקין** וכאשר יוצאות, **דכר ונוקבא נפקין** זכר ונקבה הם יוצאים, **ולבתר מתפרשן בארחייהו** ואחר כך נפרדים בדרכם, ר"ל הנקבה יוצאת לבד שהוא הב"ן, והזכר לבד שהוא המ"ה. **אי זכי בר נש** אם זוכה האדם, **לבתר מזדווגי כחדא** מזדווגים ביחד השמות דמ"ה ו ב"ן דאותו תיקון, **והיינו** עם **בת זוגו, ומתחברין בזוווגא חד בכלא** ומתחברים ביחד, **רוחא** שהוא שם מ"ה הנקרא רוח, **וגופא** שהוא שם ב"ן הנקרא גוף בערך שם מ"ה.
גמרא בבא בתרא דע"ד ע"ב – אמר רב יהודה, אמר רב, כל מה שברא הקדוש ברוך הוא בעולמו, **זכר ונקבה בראם.**

כלל – כל[68] ספירה, או נשמה, או ניצוץ כלול מכל העולמות.

כלל – הא"ס[69] לא מורכב מחלקים, ולא חלקים מרכבים אותו.

כלל – כל[70] הנאצלים הם כגרגיר חרדל בים, בערך לא"ס.

כלל – האור[71] הגשמי הוא היקר והעליון במוחשים.

68

רחובות הנהר ד"ז ע"א – ועל א"ק ואבי"ע דא"ק מלבישים בשוה באורך א"ק ואבי"ע דאצילות, הנתקן ונעשה באורך מאצילות דפרטי כל העולמות, ואין נמצא בו שום ספירה אחרת, שאינו מפרטי ספירת דאצילות דכל הפרטים. וגם התפשטות יושר דא"ק דאצילות הוא על דרך התפשטות יושר דא"ק דא"ק הנזכר לעיל ממש, כי הוא מתפשט תוך עיגוליו, מתחילת התפשטות הקו דא"ק, עד כנגד ראש יושר דמלכות דעולם העשיה התחתונה, עומד על גבי קרקעות עיגול הפנימי דעתיק, גנוז ומלובש תוך פרצוף יושר דרדל"א, שהוא עתיק דאצילות שבו, המלבישו מטיבורא דיליה ולתתא, עד למעלה מעט מסיום רגלי יושר דאדם קדמון הנזכר, הכל על דרך הנזכר באדם קדמון ואבי"ע דא"ק. ועל אורך א"ק ואבי"ע דאצילות הנזכר, מלביש באורך בשוה א"ק ואבי"ע דבריאה, וגם הוא על דרך הנזכר בא"ק ואבי"ע דא"ק. ועליו מלביש באורך אדם קדמון ואבי"ע דיצירה, על דרך הנזכר לעיל. ועליו מלביש באורך א"ק ואבי"ע דעשיה, על דרך הנז"ל. **באופן שאין לך שום ספירה, ושום נשמה, ושום ניצוץ, שאינו כלול מכל העולמות, מראש א"ק ועד סוף כל העולמות**, ואין בו מחלק עצמו, אלא חלק אחד ושיעור מדת הלבשת כל פרצוף, לפרצוף שלמעלה ממנו, וכן מדת שיעור כל ספירה, בכל פרצוף, וכן מדת שיעור כל עולם מאבי"ע הנזכר בכמה מקומות, היינו בפרט האחרון דכל ספירה כוללת, וד"ל.

נהר שלום דל"ד ע"ג – אופן כי אין ספירה, ונשמה, וניצוץ, שאינו כלול מכל העולמות דפרטי א"ק ואבי"ע המתייחסים אליו, ואין בו מחלקיו רק חלק אחד, ושאר חלקיו מפוזרים בכל פרטי אדם קדמון ואבי"ע, והם צריכים אליו, והוא צריך אל כולם, ובתיקונו יתוקנו כולם.

69

שומר אמונים הקדמון, ויכוח ראשון, אות נ"ז די"ט ע"ג – חלילה חלילה להאמין ולהעלות על לב שהספירות הם חלק מהא"ס, שיצא ממנו ונשתלשל מעילה לעלול. **כי הוא עון פלילי**. דהא מה שהוא א"ס אי אפשר להיות ספירות, **והלא אחד מעיקרי האמונה הוא שאחדות הא"ס אינו מתחלק לחלקים**, ואינו מקבל תוספת ולא מגרעת, אלא מציאותו תמיד קיים, בלי שינוי כלל. וכמו שכתוב בזוהר בכמה מקומות. ואם אתה אומר שהספירות או הנאצל הראשון הוא חלק מעצמותו, שיצא במציאות ספירה ואצילות, נמצא שהא"ס מתחלק לחלקים, ומקבל מגרעת. אבל העניין הוא כמו שאמרתי, כי כל הנמצאים הם מושכלים ומצויירים בידיעתו בציור אחד פשוט בתכלית הפשיטות, אשר אין הציור ההוא דבר זולת עצמותו הפשוט. כי הוא היודע, הוא הדעת, והוא הידוע. וזה הציור המושכל הוא מה שאומרים המקובלים שהספירות שהם סיבת כל הנמצאות, היו מתייחדים איש באחיו, וכולם בעצמותו בלי שינוי. וכמו שצורת הבית אשר בשכל האומן, הוא סיבה למציאות מחוץ לשכל, כמו כן המציאות המושכל אשר לספירות בידיעתו הוא סיבת המצאם וקיומם. כי הספירות וכל הנמצאים ממנו נמצאו, ונתפשטו. ואין הכוונה לומר שנתפשטה ידיעתו ונפרדה ממנו ח"ו, שהרי אין ידיעתו עניין אחר זולת עצמותו הפשוט. ומה שהוא עצמותו מעולם לא יהיה נפרד להיות אצילות, כי אחדותו אינו מתחלק לחלקים ח"ו. **אלא העניין, הוא שבין ספירות א"ק, בין ספירות עולם האצילות, כולם הם מחודשות, נתחדשות ממנו בחידוש גמור, ולא שיצאו ממנו, אלא שנתחדשו מאמתת עצמותו**. ופירוש העניין, הוא כמו שכתבו הקדמונים, וכן איתא בתיקוני זוהר חדש, שהוא כמדליק נר מנר, ואין הראשון חסר דבר.

70

ע"ח ח"ב שמ"ג הקדמה מ"ב דצ"ד ע"ד – עד שנמצא שעל הכל מקיף אור הא"ס, **וכל העולמות בתוכו כגרגיר חרדל בים אוקיינוס.**

71

כלל – הכאה[72] או בטישה היא בחינת חיבור וזיווג.

כלל – אי[73] אפשר התהוות כלים אלא מהכאת אור פנימי באור מקיף

כלל – כאשר[74] הרב ז"ל כותב **עתיק**, הכוונה לכל עשר הספירות דיליה, וכאשר הוא כותב **עתיק יומין**, הכוונה לשבעה התחתונות דעתיק.

שומר אמונים הקדמון, ויכוח שני י"א עיקר החמישי דל"ג ע"ד – האמנם מה שתמצא בספרי המקובלים, שקוראים בשם אור אל פעולות הא"ס, והספיר, אינו מפני שהם עצמם אור, **רק מפני שקצר מצע שכלנו בעודו מלובש בחומר הגוף להשיג מהות ועצם הרוחניים. וכן אי אפשר לצייר פעולות הרוחניים, היאך הם כדי לתאר אותם כשם אמיתי.** לכן כינו אותם בתואר אור, **כי הוא היקר שבמוחשים**. ועוד שיש באור סגולות ועניינים שהוא מתדמה בהם אל הנאצלים. הראשון כי האור הוא מתאצל מסיבתו מבלי שיפרד ממנה, שהרי אם יתעלה השורש, לא ימצא האור כלל. מה שאין כן בשום דבר נברא, דאף שיפרד ממקורו יהיה לו מציאות בעצמו. כגון אם תחתוך האילן ויפרד משרשו, מכל מקום ישאר אילן יבש. ואם יתייבש מקור המעין, ישארו המים שיצאו ממנו, ולא יתבטלו.

עוד יוסף חי, (הלכות) פרשת וישלח ד"ל – גם זאת תדע, דמה שאנחנו קורין לעשר ספירות בשם ספירות, ובשם אורות, **אין כוונתינו לחשוב אותם כאור זה שאנחנו רואין אותו בעינינו**, אלא מפני שקצר מצע שכלנו בעודו מלובש בחומר הגוף, **להשיג מהות ועצם הרוחניים**, לכך אנחנו מכנים אותם בתואר אור, כי אצלנו **האור הוא היקר ועליון שבמוחשים**, והוא היותר רוחני שבמוחשים. וכמו שכתב הרב המקובל מורינו הרב יוסף ארג'יאס ז"ל בשומר אמונים, וז"ל – רבים חושבים לדמות האלו"ה שהוא אור גדול זך ובהיר, בחשבם דענין זה אינו גוף, והוא תכלית השיבוש והטעות. **דהאור עם היותו יקר שבמוחשים, הנה הוא גשמי**, ואין לך שום דמיון מתדמה שלא יהיה דמות הגוף, וכמו שכתב האר"י זלה"ה בסוף ספר מבוא שערים, כי כח המדמה שבאדם אינו יכול לצייר רק ציור גשמי וחמרי, לא כציור רוחני הנקרא צורה ונפש וכו', עיין שם. והזהר כשתכוין בשום ספירה מהספירות, שלא תדמה בה שום דמיון אשר בכח המדמה אשר לך שיכניסך הדמיון בהגשמת הספירות, **והוא טעות גמורה, ועון פלילי וכו'**. והזהר כי כשתשכיל בשכלך שיש אלו"ה, שתהיה הבטתך בדרך רצוא ושוב, דהיינו שיהיה בדרך רצוא, לחייב מציאותו בשכלך, שתאמין שהוא מצוי ומשגיח. ושוב, היינו שלא תדמה שום דמיון וציור כלל, יען כי הדמיון רץ אחר השכל, ולכן נאמר בספר יצירה - ואם רץ לבך שוב לאחור, והזהר היטב בדבר זה, כי הוא עיקר גדול באמונה, עד כאן דבריו, יע"ש.
72

ע"ח שי"ט פ"ט מ"ת דצ"ה ע"ב, הגהת המרח"ו – ואולי אפשר לומר כי אף על פי שזה מ"ה שהיא דינין וזו חסדים(וזה ב"ן, עם כל זה נתהפך הדבר, כי כיון שזה חכמה, אף על פי שהיא דב"ן, נעשה זכר, ובינה דמ"ה אף על פי שהיא דמ"ה, נעשית נקבה לערך חכמה דב"ן. וזהו ענין דבטש בוצינא דקרדינותא בהאי אוירא)נ"א מוחא(. והיה לו לומר להיפך, **כי בטישה זו היא זיווג והורדת הטפה כנודע.** ונראה אם כן כי שם בוצינא דקרדינותא נעשה זכר להיותו חכמה, וזה סוד אמא, כי היא עטרת בעלה. ואפשר כי על דרך זה הוא בחכמה דא"א, כי היא כלולה מחכמה דמ"ה ומכתר דב"ן, ואם כן כתר דב"ן היא בוצינא דקרדינותא, דבטש ונעשה זכר, ובטש בהאי מוחא שהוא חכמה דמ"ה גרוע ממנה, והיא נקבה כנגדה, ונמצא כי האי מוחא סתימאה דא"א אתתקן כעין דוכרא, כנזכר באדרא כנל"ח.

רב פעלים חלק ג', סוד ישרים סימן י' – כדין בטש האי נהירו דמחשבה דלא אתיידע, פירוש עיין בשער עתיק פרק א', ושם תראה שרדל"א היא בחינת שם ב"ן נוקבא דעתיק, **וכל בטישא נודע שהיא סוד זווג**, ונעשה זווג עתיק ונוקבא, והיא העלתה מ"ן תחילה, כי זהו סוד הבטישא, דאמר בטש האי נהירו דמחשבה דלא אתיידע.
73

ע"ח שי"ב פ"ד מ"ת דנ"ח ע"ג - גם צריך שתדע הקדמה אחת, והוא כי **אי אפשר להיות בחינת הכלים, אלא על ידי הכאת האור מקיף באור פנימי**, ומשם נעשה בחינת כלי, מתולדת הכאה ההיא, **וזכור זה.**
74

ע"ח ש"ג פ"א מ"ב דט"ז ע"ב – וזה האדם נרמז בקוצו של יו"ד דשם הוי"ה, כי הוא בחינת הכתר של כללות העולמות, ואור א"ס בכח התלבשותו בחכמה דא"ק זה. האציל תחתיו עולם האצילות, וזה סוד - כולם בחכמה עשית. וחכמה הנזכרת לעיל נתלבשה במלכות דא"ק, וזה המלכות ירדה ונתלבשה בסוד שבע ספירות

כלל – מכל[75] הבחינות המבוארים על אימא תקיש לאבא.

כלל – כלל הוא שהרב ז"ל כותב הבן זה היטב, הכוונה היה שבמקום אחר כתב הרב ז"ל על אותו נושא, **בסתירה או שמועה אחרת**, וצריך המעיין לראות היכן האמת, והיכן הפך האמת, או ליישב את הסתירה.

כלל – כל[76] פרצוף נקרא ז"ון בערך הפרצוף שמעליו.

שלה תוך עשר ספירות דעולם האצילות, והיה זה כדי לקשר א"ק בעולם האצילות. ועל דרך זה בכל עולם ועולם, כמו שנבאר בע"ה. וראש זו המלכות שהם ג"ר שבה, נשארו במקומם. ושבעה תחתונות שהם גופא דילה, של שבע ימי בראשית, הם נתלבשו בעשר ספירות דאצילות. **וזה הבחינה נקרא עתיק יומין**, שהם שבע ימים העתיקן, מן מלכות דא"ק. והשבעה תחתונות נחלקים לעשר ספירות, כי ראשונה כלולה משלוש, על דרך היכל קודש קדשים שכולל שלוש. **וזה העתיק נעשה נשמה לא"א**, שהוא כתר דאצילות, וגם הוא מתפשט בתשעה ספירות אחרות דאצילות, ואור א"ס תוך)א"ק תוך העתיק, וא"א מלביש לשבעה תחתונות לזה העתיק.

75

ע"ח שי"ד פ"ו מ"ת דע"ב ע"ב – ונבאר ענין אימא ומשם תקיש אל אבא.

76

ע"ח ש"ד פ"ג מ"ק די"ז ע"ב – ודע כי כל בחינת זו"ן שיש בעולמות כולם נקרא ז"ק]נ"א ו"ק[של גוף של אותו עולם, כי כן יצאו בעת אצילות הראשון, שנאצלו חסרים ג"ר לז"א ותשעה ראשונות לנוקבא. ואלו השנים צריכים שלוש זמנים, שהם עיבור, יניקה, ומוחין, להשלימם. נמצא כי כל עולם ועולם אינם צריכים עיבור, יניקה, ומוחין, רק זו"ן של אותו עולם, בערך א"א ואו"א של אותו העולם, שהם שלימים כפי אותו עולם. אמנם בבחינת הכלל יהיה, **כל החמשה פרצופים שבאותו עולם נקרא זו"ן אל עולם שלמעלה ממנו**, ויהיו חסרי מוחין בבחינת הכלל כנזכר לעיל, **והבן זה היטב.**

רחובות הנהר ד"ג ע"ג – באופן כי כל הנאצלים מראש א"ק עד סוף העשיה, **כולם בחינת ו"ק, שהם זו"ן**, מ"ה וב"ן, אלא שנפרטים לעשר ספירות שהם עסמ"ב, אותם המ"ה וב"ן הפרטים שהם הזו"ן הפרטיים, חוזרים ונפרטים לעשר ספירות. וכן על דרך זה עד סוף העשיה. הרי נתבאר היטב מה שכתב **כי כל פרצופי כל העולמות הם נקראים זו"ן, שהם ו"ק, כל פרצוף נקרא בן, שהוא זו"ן בערך הפרצוף העליון שעליו**, שנקרא או"א בערכו, וגם אותו הפרצוף העליון, **גם הוא נקרא זו"ן בערך הפרצוף שלמעלה ממנו**, וכן כולם.

רחובות הנהר ד"ח ע"ד – האמנם לפי מה שמבואר לעיל, שכל פרצופי כל העולמות נקראים זו"ן, **שהם ו"ק בערך הפרצופים העליונים שעליהם**, וצריכים עיבור יניקה ומוחין, על דרך מה שמבואר בזו"ן דאצילות.

חסדי דוד אות ע"ה דנ"ב ע"א – כל זו"ן דכל פרט, **הם חסרים**, וצריכים עבור יניקה ומוחין להשלימם. אמנם כח"ב דכל פרצופים הם שלמים, בערך זו"ן דאותו פרצוף, אבל בערך הכולל כל החמשה פרצופים חסרים, **כי הרי כל פרצופי האצילות הם זו"ן**, שהם ענפי מ"ה וב"ן דא"ק, **וכן א"ק עצמו הוא נקרא אדם, גימטריא הוי"ה דאלפי"ן, מ"ה, שהוא ז"א בערך מה שלמעלה ממנו**. ולכן בערך הכללות, כלם צריכים עיבור יניקה ומוחין להשלימם.

חסדי דוד אות ע"ו דנ"ב ע"א – ז"א יש בו נפש רוח שלמים, דכן צריך להיות בכל בחינה כדי שתהיה שלימה, בכל בחינה צריך שיהיה בה חמשה בחינות נרנח"י, וכל אחד מהחמשה כלולה מנרנח"י, הרי חמש פעמים חמש, הם כ"ה בחינות. וחסר לז"א כל הכ"ה בחינות דנשמה, וכ"ה דחיה, וכ"ה דיחידה. וכשמקבל המוחין מיישו"ת, הנקרא נשמה לכללות האצילות, ונכנסים בכלי הבינה דז"א, אז יש לו הכ"ה בחינות דנשמה שלימה. וכשמקבל המוחין מאו"א עילאין, הנקרא חיה דכללות האצילות, ונכנסים בכלי החכמה דז"א, אז יש לו כ"ה בחינת דחיה שלימותא. וכשמקבל המוחין מא"א, הנקרא יחידה דכללות האצילות, ונכנסים בכלי הכתר דז"א, אז יש לו כ"ה בחינות דיחידה שלים. **אמנם כל זה הוא בערך הכללות**, כי ישסו"ת גם כן נקרא זו"ן בערך או"א עילאין, ואין בהם רק נפש ורוח, וצריכים עיבור יניקה ומוחין, כדי להשלים להם נח"י, וכשמקבלים מוחין מאו"א עילאין, הנקרא בערכם נשמה, אז יש להם נשמה שלימה לישסו"ת. וכשמקבלים המוחין מא"א הנקרא בערכם חיה, אז יש להם חיה שלימה. וכשמקבלים המוחין מאח"פ דא"ק, הנקרא בערכם יחידה, אז יש להם לישסו"ת יחידה שלמה, **כי מה שאמרנו דישסו"ת**

כלל – אין[77] למעלה גוף, ולא כח הגוף.
כלל – כל[78] פרצוף נקרא בן לפרצוף שמעליו.
כלל – מה[79] שקורה בתבונה קורה בישראל סבא. וכן הוא באו"א עילאין.
כלל – בינה[80] הכללית היא ישסו"ת, וחכמה הכללית היא או"א עילאין.

הם נקראים נשמה, והם ממשיך מוחין דגדלות לזו"ן, הוא בערך זו"ן, אמנם בערך מה שלמעלה מהם, **נקרא זו"ן**, וחסרים נח"י, וצריכים לקבלם משלושה מקומות שלמעלה מהם, דהיינו מאו"א עילאין, ומא"א, ומאח"פ דא"ק, כי אלו נקראים נח"י בערך ישסו"ת. וכן או"א עילאין נקרא חיה בערך זו"ן, ונשמה בערך ישסו"ת, **וזו"ן בערך מה שלמעלה מהם**, וחסרים נח"י, וצריכים עי"מ כדי להשלימם, ומקבלים אותם משלושה מקומות שלמעלה מהם, הנקרא בערכם נח"י, דהיינו מא"א נשמה, ומאח"פ חיה, ומשערות הראש ע"ב דא"ק יחידה. וכן א"א נקרא יחידה בערך זו"ן, וחיה בערך ישסו"ת, ונשמה בערך או"א עילאין, **אמנם בערך א"ק הא"א נקרא זו"ן**, ואין בו רק נפש ורוח, וחסר נח"י, וצריך עי"מ כדי להשלימו, ומקבלם משלשה מקומות שלמעלה ממנו, הנקרא בערכו נח"י, דהיינו מאח"פ דא"ק נשמה, ומשערות דהיינו ע"ב דא"ק, דהוא חכמה דא"ק חיה, ומקוץ היו"ד א"א דא"ק יחידה. כי אח"פ הם מס"ג, ושערות הראש מע"ב ממוחין דא"ק, והם ישסו"ת ואו"א עילאין דא"ק. נמצא כי א"א כשמקבל מישסו"ת דא"ק, אז יש לו נשמה, וכשמקבל מאו"א עילאין דא"ק, אז יש לו חיה. וכשמקבל מא"א דא"ק, אז יש לו יחידה. **כי כמו שזו"ן דאצילות שהם נפש רוח דכללות האצילות, כן א"א דאצילות שהם זו"ן דכללות א"ק, ואין בו רק נפש רוח, בערך כללות א"ק**, נשלמו בו הנח"י מישסו"ת ואו"א וא"א דא"ק, שהם נח"י דכללות א"ק. **וכן א"ק עצמו נקרא יחידה בערך האצילות, אמנם בערך שלמעלה הימנו נקרא גם הוא זו"ן**. אין בו רק נפש רוח, וחסר לו נח"י, כי הרי כל כללות א"ק עומד במקום חצי מלבוש התחתון כנודע, כי כללות המלבוש הוא סוד עסמ"ב, וכשנחלק המלבוש ונקפל חצי התחתון שהוא סוד מ"ה וב"ן, והלביש לחצי העליון שהוא ע"ב ס"ג, המקום הפנוי הנזכר לעיל, שהוא במקום שהיה חצי מלבוש התחתון, נקרא אויר קדמון, והכדור הנעשה בתוכו, שבתוכו עומדים עשר ספירות דא"ק נקרא טהירו, ועל גבי הטהירו בין אויר קדמון למלבוש עומדים עשר ספירות דא"ק עילאה סתימאה, הרי כי א"ק עומד במקום מ"ה וב"ן, שהוא סוד חצי המלבוש התחתון, **ולכן נקרא זו"ן בערך מה שלמעלה ממנו**, וצריך עי"מ להשלימו, ומקבלם משלושה מקומות שלמעלה ממנו, דהיינו מא"ק סתימאה עילאה נשמה. ומאויר קדמון חיה. ומהמלבוש יחידה. **והמבין יבין כי אי אפשר לדבר יותר......**
77

ע"ח ש"א ענף ד' מ"ק די"ד ע"ד – ואמנם דבר גלוי הוא **כי אין למעלה גוף ולא כח גוף** חלילה. וכל הדמיונות והציורים אלו לא מפני שהם כך חס ושלום. אמנם לשכך את האוזן לכשיוכל האדם להבין הדברים העליונים הרוחניים, בלתי נתפסים ונרשמים בשכל האנושי. לכן ניתן רשות לדבר בבחינת ציורים ודמיוניים, כאשר הוא פשוט בכל ספרי הזוהר. וגם בפסוקי התורה עצמה, כולם כאחד עונים ואומרים בדבר הזה, כמו שאמר הכתוב - עיני הוי"ה המה משוטטים בכל הארץ. עיני הוי"ה אל צדיקים. וישמע הוי"ה. וירח הוי"ה. וידבר הוי"ה. וכאלה רבות. וגדולה מכולם מה שאמר הכתוב - ויברא אלהי"ם את האדם בצלמו בצלם אלהי"ם ברא אותו זכר ונקבה וגו'. ואם התורה עצמה דברה כך, גם אנחנו נוכל לדבר כלשון הזה, **עם היות שפשוט הוא שאין שם למעלה אלא אורות דקים בתכלית הרוחניות בלתי נתפשים שם כלל**, וכמו שאמר הכתוב - כי לא ראיתם כל תמונה, וכאלה רבות. ואמנם יש עוד דרך אחרת כדי להמשיך ולצייר בה הדברים העליונים, והם בחינת כתיבת צורת אותיות, כי כל אות ואות מורה על אור פרטי עליון. וגם תמונת זו דבר פשוט הוא כי אין למעלה לא אות, ולא נקודה, וגם זה דרך משל וציור לשכך את האוזן כנזכר.
78

רחובות הנהר ד"ג ע"א – כי הנה ידוע כי תמיד אי אפשר לבירורים בשום אופן לעלות למ"ן, בלי מי שיעלה אותם, והוא על ידי התחתונים, ר"ל על ידי הפרצופים התחתונים שכבר יצאו ונתקנו, **והם נקראים בנים בערך הפרצופים העליונים שעליהם**. והענין **כי כל פרצוף תחתון מחבירו, נקרא בן אליו**, והוא מברר בירורי פרצוף העליון ההוא שעליו, ומעלה אותם לפרצוף שעל גבי פרצוף שעליו, לתקנם.
79

ע"ח ש"כ פרק ה' מ"ב דצ"ז ע"ג – ואמנם דע כי כשאנו אומרים שלוקחין כולם **באמצעית תבונה, ר"ל וגם מישראל סבא**. וכן כשאנו אומרים **שלוקחין על ידי הבינה, ר"ל וגם מאבא עילאה.**

כלל – תחלה[81] שיעור קומת הנוקבא ארבעה ספירות תחתונות דז"א.
הקדמה – זו"ן[82] נקראים או"א, בערך מה שלמטה מהם.
הקדמה – רום[83] המעלות, המאציל העליון, הנקרא א"ס.
הקדמה – מה[84] היא נקודה, ספירה, פרצוף.
הקדמה – אין[85] לך שום נברא שאין בהם מבירור המלכים.
כלל – אותיות[86] הם לעולם בחינת כלים.

80

ע"ח ש"ח כ"ד פ"ה מ"ב דצ"ח ע"א – אמנם לפעמים לוקח כולם על ידי **בינה הכללית, שהם בחינת ישראל סבא ותבונה**. ולפעמים עולה יותר ולוקח כולם ממקום **החכמה הכללית שהם או"א עילאין**. ולפעמים עולה יותר ולוקח כולם ממקום הכתר הכללית שהוא א"א ונוקבא.

81

ע"ח ח"ב של"ט דרוש ו' מ"ב דע"ב ע"ב – גם הטעם שתחלה **שיעור קומת הנוקבא הוא בארבע ספירות** התחתונים דז"א, שהם תנה"י.

82

ע"ח ח"ב שט"ל דרוש ד' מ"ב ד' ע"ד - שהרי גם זו"ן הם **בערך או"א** למה שלמטה מהם.

83

שער הפסוקים, וירא ד"י ע"א – ודע, כי אין זו"ן מזדווגים שום זווג כלל, עד שבתחילה יזדווגו או"א. וגם או"א אינם מזדווגים, עד שבתחילה יזדווג א"א מיניה וביה כנודע. וכן על דרך זה **עד רום המעלות, עד המאציל העליון הנקרא אין סוף**. ונמצא, כי בכל זווג תחתון דזו"ן, צריך שבראשונה יזדווגו הבחינות הראשונות המקבלות מא"ס. כי הא"ס לבדו יכול לחדש בכל יום תמיד אורות חדשים, אבל הנאצלים כולם, אין יכולת וכח בשום אחד מהם לחדש שום אור, עד שיקבלוהו תחלה מהא"ס. וממשיכים אותו בכל עת וממדרגה למדרגה, בבחינת הזווגים שלהם כנזכר. ואין כח בשום אחד מהנאצלים, רק מה שנתן להם לעצמם ולצרכם בעת שנאצלו, אבל לחדש אורות חדשים ולהוליד נשמות, אין בהם כח, עד שיקבלוהו מהאין סוף כנזכר. ואז ממשיכים השפע ההיא שקבלו מהא"ס, אל הבחינות שלמטה מהם, ואחר כך גם הם מזדווגים, והם ממשיכים השפע, אל אותם שלמטה מהם, וכן הדבר הולך ונמשך מזווג אל זווג, מן הבחינות הקרובות אל המאציל, עד זו"ן המקבלים השפע והכח מן או"א שלמעלה מהם, שקדמו להזדווג קודם שיזדווג הוא ובנוקביה, וחזר להמשיך כח ושפע חדש מלמעלה, משורש התרין עיטרין שלהם, אשר למעלה למעלה, ונותנים אותם בסוד מוחין חדשים לזו"ן, ואז הם מזדווגים ומולידים בנים, על ידי שהוא ממשיך טיפת מ"ד, מן החסדים הראשונים שנמשכו לו בדעת שלו מחדש, וגם נוקביה נותנת טיפת מ"ן, ממה שנמשך לה מחדש בעיטרא דגבורה שבדעת שלה, ומב' טיפות אלו, נוצר הולד ברחם שלה.

84

ע"ח ח"ב ש"ל פ"ז מ"ב דל"ב ע"ב – והבן זה מאד מאד **ענין נקודה בכל מקום מה ענינה, שהיא עשייה**, של הבחינה ההוא. אך לשון ספירה הוא בהיותה שלימה בכל חלקי אבי"ע שבה, והבן היטב שלוש חלוקות אלו, נקודה וספירה ופרצוף. **כי נקודה היא עשייה שבבספירה**, וספירה הוא בחינת **הספירה שלימה מאבי"ע שבה**, ופרצוף הוא קשר **עשר ספירות**, וכל ספירה מהם שלימה מאבי"ע, **וזכור מאד מאד כלל זה**.
ע"ח ש"ט פ"ח מ"ב דמ"ז ע"א – כי נקודה היא מלכות.

85

ע"ח ח"ב של"ט דרוש ג' מ"ב דס"ח ע"ב – ואין לך שום נברא בעולמות כולם **שאין בהם מן בירור המלכים** הנזכרים לעיל, והכל נכלל בהן, ומכל הבחינות הנזכרות לעיל, יש בקליפות מן מיתת המלכים.

86

ע"ח ש"ו פ"א מ"ת דכ"ד ע"ג – והנה **בחינת אותיות הם הכלים כנודע**, לכן נרמז בפה שם ס"ג ועוד כ"ב אותיות, לרמוז על מה שנתבאר שנתחדש במקום הזה ענין גילוי הויות הכלים, שנתגלה בכאן על ידי הכ"ב אותיות.

כלל – כל[87] מקום שנזכר זיווג אחור באחור, אין הענין כפשוטו, מפני שאין זיווג אלא פנים בפנים.

ע"ח ש"ח פ"ו מ"ת דט"ל ע"ג – והנה בענין העקודים כבר נתבאר לעיל ענין בחינת טנת"א שבהם. ונבארם פה בבחינת הנקודים, ונאמר כי בחינת הנקודים הם האורות הראשונים שיצאו בראשונה, **והאותיות הם הכלים**, ואחר כך כשנשברו הכלים, ונפרדו איש מעל פני מתו, האורות נשארו בבחינת תגין **על האותיות שהם הכלים**. והטעמים הוא שם מ"ה החדש, שיצא אחר כך מאור המצח לתיקון המלכים, כמו שנבאר בע"ה.

ע"ח ח"ב ש"מ דרוש א' מ"ב דע"ט ע"ב – הנה אין לך פרצוף מכל החמשה פרצופים שבכל ארבע עולמות אבי"ע, שכל אחד מהם יש לו שלש כלים לכל ספירה וספירה שלו, והם שלש כלים לשלש בחינות נר"ן. כי עד הנשמה שהיא מבינה, שממנה בחינת אותיות יש כלים, אך משם ולמעלה שהוא כנגד חיה ויחידה, בכל ספירה וספירה אין עוד כלים, כי שם הם הטעמים ונקודות, ולא אותיות, **ונודע כי כל הכלים מהאותיות נעשו**.

ע"ח ש"ו פ"ה מ"ת דכ"ז ע"ב – והרי הוא ארבעה בחינות אור, והם סוד ארבע בחינות טנת"א כנזכר לעיל, שהיו כולם נכללין כאן בענין העקודים. וזה פרטן, אור ראשון טעמים. אור אחוריים נקודות, כי הנקודות הם לעולם דין. ואור רשימו תגין. ואור של ניצוצין הנופלין על ידי הכאות האורות זה בזה כנזכר לעיל, **הוא אותיות, אשר מהם נעשה בחינת הכלים**. והרי נתבאר איך נעשו בחינת הכלים, והוא מהכאות ובטישת האורות כנזכרים לעיל.

ע"ח ש"ח פ"ו מ"ת דט"ל ע"ב – וכבר ידעת כי הטפה המציירת הולד, ומגדיל והוא הבחינה זו)נ"א זהו החו"ג(החו"ג, ואלו הם סוד האותיות, שמהם נוצר הולד, **ועוד כי האותיות תמיד לעולם הם בחינת הכלים** כנודע.
87

ע"ח ח"ב שט"ל דרוש א' מ"ק דס"ו ע"א – ועתה יש שתי מניעות, כי היה צריך לברא את האדם וחוה, כדי שעל ידם יתבררו מ"ן של כל הנשמות כנ"ל, ולזה היה צריך זווג, **ואי אפשר להם להזדווג אם לא יחזרו פנים בפנים**, ולחזור פנים בפנים אי אפשר לסבה כנ"ל, כדי שלא יתאחזו הקליפות באחוריים דנקבות. ולכן כדי לבטל ב' המניעות האלו מה עשו או"א, נסרו את הנוקבא העומדת אחורי ז"א, ואחר כך העלו זו"ן הננסרים למעלה בהיכל או"א עצמה, ששם אין כח לקליפות להתאחז באחורי הנקבה, וזה ההיכל דאו"א הוא **בחינת החופה של זו"ן**, חתן וכלה. ושם יוכלו לחזור פנים בפנים, ושם נזדווגו זו"ן יחד. וכל ענין זה תבינהו בזוהר פרשת בראשית, מה שכתוב בפסוק ויבן הוי"ה אלהי"ם את הצלע, שהוא ענין הנסירה. ואחר כך - ויביאה אל האדם, מהכא ילפינן דבעאן או"א לאעלאה לכלה ברשותא דחתן, כמה דאיתמר - את בתי נתתי לאיש הזה, מכאן ואילך ייתי בעלה לגבה דהא ביתא דילה, היא דכתיב ויבא אליה. **פירוש ענין זווג הראשון דזו"ן בעת אצילותן אינינו כשאר זווגים של אחר כך**, והוא כי הזווג הזה לא היה למטה, **רק או"א העלו את ז"א בחיקם**, ואחר כך העלו את הנוקבא בסוד - ויביאה אל האדם, ושם נזדווגו כמו שנבאר בע"ה. ואמנם כל שאר הזווגים דזו"ן דבחינת פנים בפנים הוא למטה בביתא דילה של הנוקבא, שהוא בהיכל הנוקבא, ושם יורד הז"א להזדווג עמה. והנה אז לא היה עדיין מ"ן של הנוקבא מבוררים ומתוקנים כנ"ל, ונמצא כי מ"ן שהעלתה מלכות לגב ז"א הם המ"ן דבינה, אשר הם שמשו אל הנוקבא, ועל ידי מ"נ אלו יצאו אדם וחוה על כך מעולין, ונאחזין עד למעלה כמו שנבאר בע"ה. ואחר כך ירדו זו"ן במקומם למטה, ושם הוכרחו לחזור אחור באחור כנ"ל, ולסבה הנ"ל שלא יתאחזו החיצונים. ואז בהיותן אחור באחור הוציאה הנוקבא וילדה לנשמה דאדם וחוה, **וזכור כלל זה בכל מקום אשר נאמר כי אדם וחוה על ידי זווג דאחור באחור יצאו, אין הכוונה כפשוטו, כי אי אפשר לעולם להזדווג, כי אם פנים בפנים**. אך הכוונה לומר כי לא יכלו לעמוד זו"ן פנים בפנים במקומם למטה להזדווג ולהוציא אדם וחוה, והוצרכו לעלות למעלה בחיק או"א כנ"ל, ונזדווגו שם פנים בפנים על ידי מ"ן דבינה שהעלתן המלכות, וכאשר חזרו במקומן וירדו למטה, הוכרחו להיות אחור באחור, ואז יצאו נשמת אדם וחוה בהיותן זו"ן אחור באחור. ועיין בדרושי אבי"ע בענין חטא דאדם הראשון, ותבין סדר מעלות מדריגות העולמות איך היו בעת שנברא אדם הראשון, ושם תבין איך היו הזו"ן עליונים במקום או"א, ושם היו בבחינת אחור באחור, ונזדווגו שם להוציא אדם הראשון, וע"ש היטב. **וזכור כלל זה לכל המקומות שנזכר ענין זווג אחור באחור שאין הענין כפשוטו אלא על דרך הנ"ל**. והוא כשיש בישראל מצות ומעשים טובים, שעל ידיהם יגרמו שיוכלו להזדווג זו"ן פנים בפנים, ועל ידיהם היא יכולה להעלות מ"ן לגבי מ"ד דדכורא, ואם אין ח"ו בישראל זכות, אין כח בנוקבא דז"א להעלות מ"ן שלה לגבי בעלה, כנודע כי אין המ"ן עולין אלא

כלל – כל[88] אור עליון נקרא א"ס בערך למה שלמטה ממנו.

כלל – חצי התפארת סובל ג' פרושים. כי כל ספירה וספירה מתחלקת לג' שלישים, כך גם ספירת התפארת מתחלקת לג' שלישים, עם כל זאת הרב ז"ל כותב לפעמים את המוסג **חצי התפארת**, ובחינת[89] חצי התפארת סובלת ג' פרושים, והם **א.** חצי התפארת ממש, **ב.** השליש העליון דתפארת, הנקרא חזה דאותו פרצוף, **ג.** והשליש התחתון דתפארת, הנקרא הטבור דאותו פרצוף, והמשכיל **והחכם יבין וידע** על איזה בחינה מדובר לפי הסוגיא.

כלל – הבחינה[90] הקטנה שבכל ספירה העליונה היא גדולה מכל מה שלמטה ממנה.

על ידי נשמות התחתונים, ולכן כדי לזווגם היא צריכה לעלות עם ז"א למעלה באו"א, והיא מעלה מ"ן דמא, ומזדווגים יחד. ונמצא כי כמעט זווג זה אין נקרא על שמם, רק על שם או"א, כי עד שם עלו ובכחם, ועל ידי מ"ן שלהם הם מזדווגים, ואלו בעת ההיא היו רוצין לירד למטה למקומם, לא היה יכולת וכח להם לעמוד פנים בפנים, אלא אחור באחור. ונמצא ודאי שאין שום זווג אלא בהיותן פנים בפנים, אבל מה שאנו קורין אותו זווג אחור באחור, ר"ל שאם היו אז יורדין למקומן למטה, לא היו יכולין לעמוד אלא אחור באחור, כי על כן עלו למעלה כדי שיוכלו להיות פנים בפנים.

88

מבוא שערים ש"ו ח"ב פ"ג די"ה ע"ד – ונבאר ענין זה בעולם האצילות, **וממנו יתבאר לשאר העולמות כולם.** הנה האור העליון היורד מא"ק אל עולם האצילות, הנה אותו האור נקרא א"ס, **כי כל האורות שהם עליונים, נקראים א"ס לבחינת עולם אשר למטה ממנו.**

89

בית לחם יהודה ש"ח פ"ב דכ"ב ע"ב – כי כל מקום שכותב רז"ל חצי תפארת הוא סובל ג' פירושים. או מחצית ממש, כמו שמצינו בפרק ג' דשער השבירה, שכתב רז"ל שנתפשט כלי הכתר דנקודים עד מקום מחצית התפארת. וכן בפרק ה' דשער י"ג ריש כלל א', ששמה קרי למחצית התפארת מחצית בדקדוק ממש, יעו"ש. או שליש או ב' שלישים כמו שמצינו בשער ההקדמות דף כ"ט ע"ב דקרי לב' שלישים בשם מחצית, ולשליש בשם מחצית, שכתב שם וז"ל - עוד יש תועלת שלישית עליית האורות דנה"י דאימא למעלה, כי הנה הם עולים עד חצי העליון דתפארת דאימא תחת החזה, ונמצאו עומדים בחצי התחתון ותפארת דאימא יעו"ש. הרי דלשליש העליון דתפארת שהוא עד החזה, קרי ליה חצי העליון, ולב' שלישים התחתונים ותפארת קרי להו חצי התחתון. ובסוף פרק כ"ג דשער כ"ה קרי לשליש התחתון דתפארת בשם מחצית, שכתב שם וז"ל - אך כתר דז"א נעשה מחצי התפארת דתבונה מטבורא ולמטה. וכתב עלה מהרח"ו ז"ל - ונראה לי חיים כי במקום אחר נתבאר שמתחיל מהחזה, שהם ב' שלישים דתפארת דתבונה, עד כאן לשונו. הרי מבואר להדיא דשליש התחתון שהוא מטבורא דגופא ולמטה, נקרא בשם חצי תפארת. וטעם לשנויים אלו, נראה לעניות דעתי לפי ששליש האמצעי דתפארת הוא כלול מחצי העליון ומחצי התחתון של התפארת, ולכן לפעמים כוללו עם חצי העליון, ולפעמים כוללו עם חצי התחתון, והענין יתפרש כפי הדרוש ההוא.

90

ע"ח שכ"ג פ"ב מ"ת דק"ו ע"ג – ונודע כי חצי תפארת גדול מכל הנה"י כולה, כמבואר אצלנו בהקדמה הידועה. **כי הבחינה הקטנה שבכל ספירה העליונה היא גדולה מכל מה שלמטה ממנה.**

ע"ח ח"ב שכ"ו די"ה דרוש ה' מ"ב די"א ע"ג – ונודע כי האור הקטן שבספירה העליונה, היא גדולה מכל מה שלמטה ממנו, עד סיום המדרגות.

ע"ח ח"ב שמ"ד פ"א מ"ת דצ"ו ע"ג – כי כל השלושת עולמות בי"ע, הם דוגמת עולם האצילות כנ"ל. והענין הוא כי כל השלושת עולמות בי"ע, הם חלקי אצילות, **כי הם חיילות המלכות.**

שער מאמרי רשב"י, פרשת קדושים דל"ו ע"א – כי כבר נתבאר אצלנו, **כי המדרגה התחתונה שבכל האצילות מעולה מכל מה שלמטה ממנו עד סוף העשיה.** וכן על דרך זה בכל המדרגות. כי גם המדרגה תחתונה דבריאה, גדולה בכל מה שלמטה ממנה שהם יצירה ועשיה.

ע"ח ש"ו פ"ח מ"ב דכ"ט ע"ד – כי החיצוניות והאחוריים של עליון הם הפנים של תחתון.

רחובות הנהר ד"ב ע"א – אמנם צריך להבין מה שכתב הרב ז"ל, כי בכל פרצופי אבי"ע היה מקרה המלכים ההוא. איך אפשר שהמקרה ההוא היה בבי"ע, והלא שלושה עולמות בי"ע אינם עולמות גמורים כמו עולם

כלל – הדעת[91] הוא נשמת הו"ק, והוא כולל את כולם.
כלל – זיווג[92] דנשיקין חבוקין ויסודות.
כלל – הזקן[93] העליון של הפרצוף התחתון, נעשה מהזקן התחתון של הפרצוף
העליון.

האצילות, **כי אינם אלא התפשטות כוחות הנוקבא דאצילות, וחייליה, וצבאיה**, וכולם בחינת נוקבא, ואין
בהם דכורא כלל, כמו שכתוב במבוא שערים ש"ב ח"ג פ"ח, וכמו שנבאר בע"ה. וכל קיומם והעמדתם, הוא
בכח שארית בירורי הכלים ורפ"ח אורות דמלכים דאצילות, וכשיושלמו להתברר כל הבירורים, אז נאמר -
הנה ישכיל עבדי ירום ונשא וגבה מאד. ואז השמים כעשן נמלחו, והארץ כבגד תבלה, כמו שמבואר בע"ה
שער ג' סוף פרק ב', עיין שם.
91

ע"ח ש"ט פ"ג מ"ת דמ"ג ע"ד – כי הנה הדעת הוא כולל כל הו"ק, **והוא נשמה להם**, כנודע.
ע"ח ח"ב דרוש ב' מ"ב כלל ט"ז ד"ז ע"ג – דע **שהדעת הוא נשמת ו"ק**, ודע ששורש המשה
חסדים נשארין בדעת תמיד, אך ענפיהם הם החסדים המתפשטים בו"ק, ואלו הענפים הם המגדילין את ז"א
מבחוץ כנזכר לעיל. והם מבחוץ, ושרשם מבפנים, ומקבלין הארה מרשם דרך מחיצות שביניהן, ומגדילין
לגופא דז"א עצמו.
ע"ח שי"ג פ"ה מ"ת דס"ה ע"ג – ירד הדעת ונתלבש בו"ק דא"א עצמם **והיה רוחניות** אליהם.
מבוא שערים ש"ב ח"ב פ"ה ד"ז ע"ג – וגם כי **הדעת הוא נשמת הו"ק**.
**שער ההקדמות, דרוש בסדר ירידת ז' מלכים ונפילתם וירידת אחוריים דאו"א ואיך נעשה הכל ביחד
דכ"ב ע"ב** – ואם לסיבת היות הדעת **בחינת נשמה אל השׁשׁה קצוות** כנודע, והוא כולל כולם.
שער מאמרי רשב"י ד"ל ע"א - ודע כי זה שאמרנו **דנשמת תפארת הוא דעת** הגנוז בבינה, וזכה לו משה,
היינו נשמתא לגופא, **לשׁשׁ קצוותיו** לבד.
92

ע"ח שׁט"ל דרוש ט' מ"ב דע"ג ע"ד – והנה נתבאר בעניין כוונת אמן של הקדיש, שיש בו השלוש בחינות,
והם **חיבוק וניׁשוק וזיווג**, ולעולם הנקבה היא מתעוררת תחלה והתעוררות הזה, היא בעת החיבוק שהוא קודם
הנשיקה והזווג. **ועל כן אז בתחלה היא קודמת לחבק את הזכר, ואחר כך הזכר מחבק את הנוקבא.** ואחר
כך באו הנשיקין, ואז כיון שכבר היא הקדימה התעוררות בעניין החיבוק כנזכר, אז אין הנקבה מעוררת תחלה.
אמנם יש שתי בחינות בעניין הנשיקין, האחד הוא שכיון שהיא התחילה התעוררות על ידי החיבוק, **אם כן עתה
הוא יתחיל הנשיקין תחלה, ואחר כך תישק היא אותו.** ויש בחינת נשיקין, ואז הם נשיקין שוין. שכאשר
הוא מתעורר לנשק אותה, היא גם כן מתעוררת ביחד לנשק אותו. ונראה לעניות דעתי עם הנזכר לעיל בדרוש
ג', שבארנו שיש נשיקין אל הזווג התחתון, ויש נשיקין שנעשים בעת הזווג עצמו, ואם כן אלו
שהם קודם הזווג צריך שהוא יתעורר תחלה, כיון שהיא נתעוררת תחלה בחיבוק, ואחר ששניהם קדמו זו
בחיבוק וזה בנישוק, **אז שניהם שוין בזווג תחתון ונשיקותיהם הם שוין**, כך נראה לעניות דעתי.
שער מאמרי רשב"י ד"ל ע"ב – ודע כי בחיבוק אין מקום לשלשה קצוות התחתונות שהם נה"י, כי **החיבוק**
בסוד הזרועות והגוף, בסוד שמאלו תחת לראשי וימינו תחבקני, ולפיכך לא הזכיר בחבצלת שית טרפין. אבל
בנשיקין שנושקין זה לזה, לאתדבקא רוחא ברוחא, על ידי נצח והוד העליון, והם השפתים כנודע. מתעוררים
נצח והוד התחתונים, **לפעול פעולתם ואות ברית קדש נכנס במקומו**, ואז היא בשית טרפין, שש קצוות
ותקרא שושנה, על שם שש קצוותיה. וזה שכתוב שפתותיו שושנים, בסוד **הנשיקין**. והנה כאשר נצח והוד
העליונים פועלים לאתדבקא רוחא ברוחא על ידי הנשיקין, כנזכר בפרשת תרומה, כן התחתונים פועלים
לאתדבקא רוחא ברוחא, כמאר איש ולויות, וזה מה שכתוב לקמן - בתר דאתדבקת ביה במלכא באינון
נשיקין. והנה החיבוק על ידי הבינה כדפרישית. והנישוק על ידי חכמה. כי אין זווג אלא מצד החכמה, וכמו
שכתוב בפרשת אמור - וגם אמנה אחותי בת אבי היא כו', כמבואר שם. וכאשר יזדווגו ויתמזג האודם שהוא
המלכות, עם הלובן שהוא התפארת, אז היא כשושנה סומקא בגוונין חיוורין.
93

שער המצות, פרשת קדושים דכ"ד ע"ב – דע כי כמו שלמעלה יש י"ג תקוני דיקנא עילאין, בבחינת דעת
בסוד הראש, הנקרא זקן עליון, כן יש זקן תחתון למטה ביסוד כנודע, וגם בו כוללות י"ג תקונים. ואל זה הסוד

כלל – זיווג[94] ישראל ולאה הגדולה, או זו"ן הגדולים, מ"ה וב"ן דו"ק, נקרא בדברי הרב ז"ל מן החזה שלו ולמעלה.

כלל – לעולם אין זיווג לז"א עם לאה הנקרא קשר של תפילין.

כלל – כל[95] דבר עליון גדול כנגד כל מה שלמטה.

כלל – שם[96] הוא כינוי למלכות, רחל. א"י כינוי ללאה.

כלל – התבונה[97] היא סוד המלכות דבינה.

כלל – המלכות[98] נקראת תהילה.

הנפלא רמזו רז"ל]נדרים ל"א ע"ב[במה שאמרו - גדולה מילה שנכרתן עליה י"ג בריתות. ונודע כי ז"א נעשה מן נה"י דא"א. **והנה מזקן התחתון דיסוד דא"א, נעשית זקן העליון דז"א.**
94

שער הכוונות, דרושי חזרת העמידה, דרוש ה' ד' מ' ע"א – דע כי ענין נשיאות כפים הוא לצורך תיקון פרצוף לאה, כמו שנבאר. והענין הוא כמו שכתוב לעיל בסוד ברכת שים שלום דתפלת לחש, כי שני זיווגים נעשים עתה, האחד הוא זיווג הז"א הנקרא ישראל בי"ג מידות דרחמים של ויעבור כו', עם לאה **מן החזה שלו ולמעלה.**
95

ע"ח ח"ב שמ"ב פי"ד מ"ת דצ"ב ע"ד – והנה ודאי הוא כמו שיש כח באותו לבוש של בינה, כשיורד ממנה להלביש לזו"ן עד מתחת רגליהם, הנה גם כן יש בו כח להתפשט יותר ולהלביש את כל העולמות אשר תחתיו, שהם בי"ע. והנה ודאי יש כח באצילות נגד כל אשר תחתיו, **כי פשוט כי כל דבר עליון גדול כנגד כל מה שלמטה ויותר.**

ספר הלקוטים, כי תצא דס"א ע"ב – והענין כי הלא ביארנו כי לעולם ארבעה עולמות אבי"ע הם, נקראים חכמה בינה תפארת ומלכות. ואמנם הפסוק אומר כולם בחכמה עשית, כי כולם יצאו מן האצילות, והוא כללות כולם. ואמנם אחר שנאצל האצילות עשתה הבינה מסך אחד לאצילות, בינה לבריאה כנזכר לעיל. והאמת כי יש כח באותו לבוש כשיורד מן הבינה להלביש עד רגלי זו"ן, יש בו כח לירד ולהתפשט ולהלביש את כל העולמות שתחתיו, שהם בי"ע. כי יש כח באצילות נגד כולם כנזכר, **ודבר פשוט כי כל דבר עליון, כולל כל מה שלמטה ממנו.**
96

ספר הלקוטים, כי תצא דס"ו ע"ב – והנה מה שמסרה רחל לאחותה הוא **הא"י** דשם אדנ"י. כי ידוע דשם זה הוא ברחל]**אחי** - ר"ל שם אדנ"י הוא ברחל[, ונתנה ללאה מזה השם **א"י**, ונשאר בה ד"נ, ולכן אמרה - דנני אלהי"ם וגו', ותקרא את שמו ד"ן. ולכן נאמר לקין - **א"י** הבל אחיך, שפגם בא**"י שבלאה**, ולכן שמאי היה בשמו שני אותיות הללו, שהיה מבחינת לאה, וזהו שמאי ש"מ א"י. **כי לעולם ש"מ הוא במלכות**, בסוד - ומה תעשה לשמך הגדול, וה**א"י שבלאה** כנזכר.
97

ע"ח שי"ד פ"ד מ"ב דע"ד ע"א – ודע כי הבינה היא בחינת תשע ספירות הראשונים, **והתבונה היא בחינת המלכות של הבינה** הנזכרת לעיל.

ספר הלקוטים, שמות דקל"ט ע"ב – ויאמר מלך מצרים למילדות. דע כי המילדות העבריות הם סוד בינה ותבונה. ולפי שפעמים הם כלולים זו בזו, ולכן כתיב חסר, ולפי שהם בחינת אם ובת, **כי תבונה היא סוד מלכות דבינה**, ולכן יוכבד ומרים הם היו אימא וברתא, וכן יוכבד גימטריא מ"ב ע"ה, סוד אימא עילאה, ומרים סוד תבונה, ובה דינין חקיפין. וזה סוד מה שכתוב בספר הזוהר - מינה דינין מתערין, דהיינו מבחינת תבונה, ולא מן בינה. ולק היא הוי"ה בניקוד אלהי"ם, כי היא גופא רחמים, אך תבונה היא דינים, ולכן מרים גופא היא דינים.

קהלת יעקב ערך תב, ב – המלכות מצד הבינה, נקרא גם כן תבונה.
98

ע"ח שי"ג פ"ו דס"ד ע"א – ואמנם המלכות מקורה בחותם, וזה סוד - ותהלתי אחטם לך, **כי לעולם תהלה במלכות.**

כלל – הבינה[99] יש לה ג' בחינות דתבונה.

כלל – כל[100] בחינה תחתונה יש בה כח של הבחינה העליונה.

כלל – חג"ת[101] נקראים אבות, ונה"י בנים.

כלל – הכתר[102] של הפרצוף התחתון נעשה מהתפארת של הפרצוף העליון.

כלל – הנה"י[103] בכל מקום הם בסוד תוספת, והם לבר מגופא.

99

ע"ח שי"ד פ"ד מ"ט דע"ד ע"א - כלל העולה של השם ה' ראשונה כי השם היא שם ס"ג אחד, כולל עשר ספירות פנימית וחיצוניות, ונקרא תבונה, ויש בה ג"ר הנקרא בינה, וו"ק הנקרא תבונה, ומלכות שבה נקרא תבונה, וחיצוניות נה"י של המלכות זו, נקרא גם כן תבונה, **והרי הם בינה אחת ושלוש תבונות.**

100

ע"ח שי"א פ"א מ"ק ד"ג ע"ד – הנה השבעה נקודות הנשארים מן העשרה נקודות הראשונים, **הם סוד א"א, או"א, זו"ן**, כמו שנבאר בע"ה. והענין כי בג"ר אין בהם רק בחינת עתיק יומין לבד, אך מהשבעה ולמטה, **שם יש כח א"א ואו"א, הכל מעורבין יחד**, וכולל ביחד בכל נקודה מהשבעה, וגם כח העתיק יומין מעורב בהם. **כי כל דבר תחתון, יש בו כח עליון, בהכרח המתפשט בו**, ואמנם עתיק יורד בכולם, ומתפשט ומתערב בהם, אך כח התחתונים אינו מוכרח שיהיה בעליונים, לכן הג"ר אין בהם רק סוד עתיק לבד. והנה על דרך זה הוא בשבעה כלים תחתונים, כי יש בהם בחינת כלים דעתיק, **והכל מעורב ביחד.**

101

ע"ח ש"ך פ"ג מ"ת דצ"ז ע"ב – גם הוא לסבת טעם אחר כנודע מזוהר ומתיקונים כי חג"ת הם אבות, ונה"י נקרא בנים.

מבוא שערים ש"ה ח"ב פ"ב דמ"ו ע"א – כנודע כי חג"ת נקראים אבות, ונה"י בנים.

102

ע"ח שכ"ג פ"ג מ"ת דק"ו ע"ג – וזה סוד מה שכתוב בתיקונים, הכתר הוא אימא על ברא, גם אמרו בתיקונים כי כל הכתר הוא אהי"ה. והענין הוא, כי מבחינת אימא הנקרא אהי"ה כנודע, **נעשית כתר דז"א כנודע.** כפי מה שבארנו. ודע כי לא ז"א לבד, אלא על דרך הנזכר לעיל הם כל בחינות של הכתרים, של שאר הפרצופים, כמו א"א, או"א, נוקבא דז"א, **כי כולם כתריהם נעשה מן תפארת העליון שעליו**, על דרך זה שבארנו בכתר דז"א. והנה גם כן יתבאר לך, כי הרי מבשרי אחזה אלו"ה, והרי אין אנו רואים שהאדם התחתון שבעולם הזה יש בו כתר עם המוחין בתוכו, למעלה מן המוחין שלו.

103

ע"ח שט"ז פ"ד מ"ק ד"פ ע"ג – כבר ביארנו כי לעולם, **כל בחינת נה"י הם סוד תוספת, ואינם עיקרין**, ולכן הם לבר מגופא, והטעם לפי שמרישא עילאה דעתיק אינו מלובש בא"א, כי אם שבעה תחתונות שבו, אם כן נמצא שאין קיום לא"א רק לשבעה ראשונות שבו, והשלושה תחתונות, **שהם נה"י אינן יכולין לבא רק בסוד תוספת, כי אין להם עיקר וקיום במציאות העליון ממנו.** וכן על דרך זה כל האצילות.

שער מאמרי רשב"י, אדרא זוטא, דמ"ט ע"ד - כי **לעולם** כל בחינת נה"י בכל מקום, שהם הם נקראים לבר מגופא, **ותמיד הם בסוד תוספת**, ואינם עיקריים. ולכן תמיד הם באים מחדש בסוד תוספת, ואינם מושרשים שם תמיד. וזהו הטעם שבכל נה"י בכל מקום באים בסוד תוספת ואינם עיקריים, וכן הענין כאן, כי מיסוד דעתיק יומין נתפשטו נה"י דא"א, וכן הענין בכל נה"י שבכל האצילות, **וזכור כלל זה.**

שער מאמרי רשב"י, אדרא זוטא דנ"א ע"ג – ואמנם ענין זה שאמרנו, כי נתרבה השפע ונעשו גם כן נה"י דאבא ואימא, צריך ביאור רחב, ובו יתבאר הקדמה מוכרחת לדעת אותה, **בענין הנצח וההוד והיסוד בכל מקום שהם הם בסוד תוספת, ואינם עיקרים קבועים תמיד.** וצריך לדעת מה זה היה ענין נצח והוד ויסוד שתמיד באים בסוד תוספת, ואמרו בזוהר בפרשת בראשית שהם לבר מגופא. וטעם הדבר הוא כי זה להיות שלעיל ביארנו, שאי אפשר אל אריך אפין להלביש את עתיק יומין בתוכו, **אלא השבעה תחתונות שבו בלבד.** וכיון שמתחילת רום האצילות נהיה כן, נמצא שאין קיום אל א"א אלא לשבעה ראשונות שבו, **ושלשה אחרונות שבו, שהם נצח הוד ויסוד שבו, אין להם הארה וקיום.** ולכן צריכין לבא בסוד תוספת, ונמצא

כלל – סדר[104] כניסת הצלמים.
כלל – בדעת[105] דז"א יש חמשה חסדים, וחמשה גבורות.
כלל – כתר[106] הוא עתיק וא"א, חכמה אבא, בינה אימא, ו"ק ז"א, ומלכות נוקבא.
כלל – שם[107] ס"ג מעלה מ"ן מהבינה, ושם ע"ב מוריד מ"ד מהחכמה. שם ב"ן מעלה מ"ן מהנוקבא, ושם מ"ה מוריד מ"ן מז"א.
כלל – מהתפארת[108] תמיד נעשה כתר.
כלל – שם[109] הוי"ה הוא באבא, ושם אהי"ה באימא.
כלל – עטרת[110] היסוד הוא סוד המלכות.

שמשם ואילך, בכל שאר הפרצופין של האצילות, היה על הסדר הזה, כיון שאין העליון מתלבש בתחתון, אלא שבעה התחתונות שבו בלבד, וכל הנה"י של כל הפרצופין כולן באים בסוד תוספת, **וזכור ענין זה.**
מבוא שערים ש"ג ח"ב פ"ב דכ"ב ע"א – כי כל בחינות נה"י של איזה פרצוף מן הפרצופים, הם באים תמיד בסוד תוספת, ואינם עיקרים, כי לכך נקרא לבר מגופא, והטעם כי בראש פרצופי האצילות שהוא א"א, אשר בו מתלבשים ונאחזים כל שאר פרצופי האצילות כנזכר לעיל פ"א, **אין לנה"י שלו** על מה שיסמוכו בו בעתיק יומין, לפי שהשבעה תחתונות דעתיק לבד נתלבשו בשבעה ראשונות דאריך, **ואין בנה"י דאריך רק הארה מועטת לבד**, היוצאת מיסוד דעתיק ומתפשט בהם. **ולכן נמשך העניין הזה בכל נה"י של כל שאר הפרצופים.**
104

ע"ח ש"כ פ"ז מ"ב דצ"ט ע"ב – וצריך שתדע **כלל אחד** בכל הצלמים דנר"ן ח"י, והוא כי בחינת נפש של הצלם ההוא, באה תחלה. ואחר כך רוח דו"ק של הצלם. ואחר כך כל ג"ר ביחד, שהם נשמה חיה יחידה, כי ג"ר חשובות כאחד. אמנם הם נכנסין אחד אחד, שהוא תחלה נכנס הנשמה, אחר כך חיה, אחר כך יחידה.
105

ע"ח ח"ב שכ"ה דרוש ב' מ"ב ד"ז ע"ב – בדעת דז"א יש חמשה חסדים וחמשה גבורות, והם עשר הוי"ת, גימטריא ק"ל ק"ל, שתי פעמים עי"ן, כמנין ס"ר לראות, **כי משם נמשכת ראיה אל העינים, היושבים ממש כנגד הדעת.**
106

ע"ח שי"ב פ"א מ"ת דנ"ו ע"ב – כלל העולה, כי בעולם אצילות יש בו עשר ספירות. והכתר הוא עתיק וא"א, וחכמה הוא אבא, ובינה היא אימא. וו"ק הם חג"ת נה"י הוא ז"א, ומלכות הוא נוקבא דז"א. וכל בחינת אלו נעשה עצמותן משתי בחינות, מ"ה וב"ן, וכל בחינת הדכורים הם ממ"ה, והנוקבא מב"ן כנזכר לעיל.
107

ע"ח שטו"ל דרוש י' כלל י"ד מ"ב דע"ו ע"ב – שם ס"ג מעלה מ"ן דבינה, ושם ע"ב מוריד מ"ד דאבא. ושם מ"ה מוריד מ"ד דז"א, ושם ב"ן מעלה מ"ן דנוקבא.]הגהה - צמח מ"ן דנוקבא קודם למ"ד דז"א[.
108

ע"ח שי"ג פ"ו מ"ת דס"ה ע"ב – ואם תדקדק תמצא, כי תמיד תפארת נעשה ממנו הכתר, שהוא גלגלתא. כי תפארת עתיק תמן גלגלתא דא"א, שהוא סוד בינה דא"א. ומתפארת]נ"א וכן ת"ת[דא"א, נעשה כתר וגלגלתא דז"א. וכן מתפארת דז"א, נעשה כתר וגלגלתא דנוקבא.
109

ע"ח שי"ג פי"ב מ"ב דס"ח ע"א – והענין כי הנה **הוי"ה אהי"ה, הם או"א.**
ע"ח שטו"ז פ"ד מ"ק דפ"א ע"א – ונחזור לענין, כי לפי ששתי מזלות הח' והי"ג, הח' **הוי"ה** דיודי"ן, והי"ג **אהי"ה** דההי"ן, כנזכר במקומו. לכן מצדן הם או"א, האחד **הוי"ה**, והשני **אהי"ה**, והדעת המזווגן יאהוהי"ה, **והבן.**
110

ע"ח שטו"ז פ"ג מ"ק ד"פ ע"א – אמנם נצריך עתה ערכים אלו, כי הלא סוד עטרת היסוד, הוא שליש שיעור של היסוד, והוא סוד המלכות.

++

הקדמה – כאשר[111] הרב ז"ל כותב **שמעתי ממורי זלה"ה**, הכוונה ששמע באופן אישי מהאר"י ז"ל. וכאשר הוא כותב שמעתי **מפי מורי זלה"ה**, הכוונה ששמע מהחברים. וכן מזהיר הרב ז"ל בהקדמה זאת, לא ללמוד בספרי החברים.

הקדמה – מ"ק, דרושים אלו הם מספר הדרושים או משער ההקדמות.

הקדמה – מ"ת, דרושים אלו מספר אוצרות חיים.

הקדמה – מ"ב, דרושים אלו מספר קהילת יעקב או ספר אדם ישר.

הקדמה – אין[112] שום ספירה, או מידה שאין לא שלוש פרקים

הקדמה – פשוט שאין[113] למעלה אלא אורות דקים בתכלית הרוחניות, בלתי נתפשים. עם כל זאת מתיר לנו הרב ז"ל לצייר ציורים ואותיות, רק כדי לשכך את האוזן.

הקדמה – דרכו[114] של הרב ז"ל להלביש דברים אף על פי שאינו כן.

הקדמה – כל[115] הוי"ה כוללת עשר ספירות

הקדמה – תיקון[116] הוא אינו אלא היות האור מתלבש בכלי.

111

ע"ח, הקדמה ד"ו ע"א – להרב חיים ויטאל, דע כי קצת מחברינו כתבו להם ספרים, מה ששמעו ממורי זלה"ה, וזולתו על שמו. וכולם כתבו הדברים בתוספת וגרעון, כפי בחינת הכותבים, וידיעתן, ובהבנתן, הניחו מקום למה קושיות. **לכן אין לסמוך על אותן הספרים, וצריך להרחיק מהם.** ודע כי כל מה שכתבתי כאן הכל **שמעתי ממורי זלה"ה**, לכן כתבתי הכל בחיבור אחד, לבד ומה ששמעתי מהחברים, משם מורי זלה"ה, מה שדרש וגילה להם קודם שלמדתי עמו, הכל כתבתי גם כן לבדו, ועל שם אמרו **מפי מורי זלה"ה**.

112

ע"ח ח"ב של"ה פ"ב מ"ק דנ"א ע"ב – כי אין לך שום מדה שאין לה שלוש פרקים.

113

ע"ח ש"א ענף ד' מ"ק די"ד ע"ג – ואמנם דבר גלוי הוא כי אין למעלה גוף ולא כח גוף חלילה. וכל הדמיונות והציורים אלו לא מפני שהם כך חס ושלום. **אמנם לשכך את האוזן**, לכשיוכל האדם להבין הדברים העליונים הרוחניים, בלתי נתפסים ונרשמים בשכל האנושי, **לכן ניתן רשות לדבר בבחינת ציורים ודמיונים**, כאשר הוא פשוט בכל ספרי הזוהר. וגם בפסוקי התורה עצמה כולם כאחד עונים ואומרים בדבר הזה כמו שאמר הכתוב עיני הוי"ה המה משוטטים בכל הארץ. עיני הוי"ה אל צדיקים. וירא הוי"ה. וידבר הוי"ה. וכאלה רבות. וגדולה מכולם מה שאמר הכתוב - ויברא אלהי"ם את האדם בצלמו, בצלם אלהי"ם ברא אותו, זכר ונקבה וגו'. ואם התורה עצמה דברה כך גם אנחנו נוכל לדבר כלשון הזה, עם היות שפשוט הוא **שאין שם למעלה אלא אורות דקים בתכלית הרוחניות, בלתי נתפשים שם כלל**. וכמו שאמר הכתוב כי לא ראיתם כל תמונה, וכאלה רבות. ואמנם יש עוד דרך אחרת כדי להמשיך ולצייר בה הדברים העליונים, והם בבחינת **כתיבת צורת אותיות**, כי כל אות ואות מורה על אור פרטי עליון, וגם תמונת זו דבר פשוט הוא, כי אין למעלה לא אות, ולא נקודה, וגם זה **דרך משל וציור לשכך את האוזן כנזכר**. ולכן נבאר עתה הקדמה הנזכר, על דרך ציור האותיות, גם כן ובבחינת ציורים אלו, **הן ציור האדם, והן ציור אותיות**, שתיהן מוכרחים להבין ענין האורות העליונים, כאשר תראה ספרי הזוהר בינונים על שתי בחינות הציורים האלה.

114

תורת חכם דל"א ע"א - אף על פי שדברי הרב ז"ל **מורים להפך**, אין להשגיח, כי כן דרכו ז"ל **להלביש הדברים אף על פי שאינו כן**.

115

ע"ח ח"ב ש"מ דרוש י"ג מ"ב דפ"ה ע"ג - וכל הוי"ה מהם כוללת כל עשר ספירות של היכל ההוא, **כנודע שאין הוי"ה שאינה כוללת עשר ספירות**. כי קוץ של י' כתר של אותו היכל, י"ה או"א, ו' ו"ק, ה' מלכות.

41

הקדמה – חיצוניות[117] הפרצוף העליון נעשה פנימיות הפרצוף התחתון.

הקדמה – שם[118] ס"ג הוא בבינה.

הקדמה – אין[119] לך אור שאינו משאיר רשימו במקומו אחרי הסתלקותו משם.

הקדמה – אברהם[120] ושרה הם בסוד או"א, ויצחק ורבקה הם בסוד ישסו"ת.

הקדמה – גם[121] לא"ק יש עצמות דנרנח"י וכלים.

הקדמה – ז"א[122] שהוא ו' קצוות, נקרא בשם תפארת.

116

ע"ח ש"ה פ"ד מ"ד דמ"ד ע"ד – והנה נודע כי **כל תיקון אינו אלא היות האור מתלבש בכלי**, כדי שיוכלו לקבל התחתונים אור העליון.

117

ע"ח שי"ט פ"י מ"ב דצ"ה ע"ד – כי כבר ידעת כי **חיצוניות עליון נעשה פנימית תוך פנימיות שלמטה ממנו**, ואז החיצונית התחתון מוכרח לירד להיעשות פנימיות אל שלמטה הימנו יותר, **והבן זה היטב.**

118

ע"ח שי"ד פ"ט מ"ב דע"ד ע"א – דע כי אימא עילאה יש לה הוי"ה דס"ג, והוא נוקבא אל אבא, שהוא הוי"ה דע"ב, והנה הוי"ה זו דס"ג נקודתה בנקודת אלהי"ם כנודע, כי הבינה יֶאֱלֹ"ה בניקוד אלהי"ם כנודע.
שער מאמרי רשב"י דל"ה ע"א – וכבר ידעת כי **שם ס"ג**, דיו"ד ה"י וא"ו ה"י, **הוא בבינה.**

119

ע"ח ש"ו מ"ת דכ"ו ע"ד – והנה יש **בטבע האורות** להשאיר רושם שלהם למטה, במקום שהיו שם בראשונה, ולכן כל האורות האלו בעת עלותם **הניחו רשימו** למטה, במקום שהיו שם בראשונה.
ע"ח שי"ט פ"א מ"ת דפ"ט ע"ד – כנודע אצלינו בהקדמה, שאין לך שום אור, שאינו **מניח רשימו** במקומו, אף אחר **הסתלקותו** משם.
ע"ח שי"ט פ"א מ"ת ד"ץ ע"א – עם כל זאת הרושם של מקום הנזכר לעיל נשאר שם, כנודע אצלינו בהקדמה - **שאין לך שום אור שאינו מניח רשימו במקומו**, אף אחר הסתלקותו משם.
מבוא שערים ש"ב ח"ב פ"ה ד"ח ע"ב – כי מטבע האורות הרוחניים, **להישאר רשימו במקומם**, אף אחד הסתלקותם משם.

120

ספר הליקוטים, פרשת תולדות דט"ז ע"ב – ויהי יצחק בן ארבעים שנה. כבר ידעת כי **יצחק ורבקה הם בסוד ישסו"ת, ואברהם ושרה הם בסוד או"א**, כנזכר רעיא מהימנא. והנה כבר ידעת מה שמבואר בסוד - חכם בבינה, כי ישסו"ת שניהם נקראים בינה, ולכן היה יצחק בן ארבעים שנה, בסוד בן ארבעים לבינה.

121

ע"ח ח"ב ש"ם דרוש י"א מ"א דפ"ה ע"א – וכן על דרך זה בא"ק, יש שתי בחינות, פנימיות וחיצוניות. **הפנימיות הוא העצמות שבתוכו, והחיצוניות הם הכלים.** אף על פי שעדיין בערך שאר העולמות אינם נקראים כלים, רק **בערך פנימיות עצמו נכנה אותם בשם כלים.** ויש בכל אחד מהם כל הבחינות הנזכרות לעיל, והם בכללות נקרא יחידה וכתר בערך כללות כל העולמות.

122

ע"ח ש"א ענף ה' מ"ב די"ד ע"ד – עוד צריך שנקדים לך הקדמה אחת, והוא כי כל העשר ספירות הכוללות כל עולם ועולם, הנה בכללות יחד כולם כאחד, בחינת הוי"ה אחת בכל מקום, שהוא בין בכללות, בין בפרטות כנזכר לעיל. יוצא מכל אות ואות מהם הוי"ה אחת, והנה קוצו של יו"ד שבאותיות הוי"ה, הוא ספירת כתר. ויו"ד עצמה, הוא בחינת חכמה. וה' ראשונה, בינה. והו' **הוא התפארת, כולל שש ספירן, אשר כללותם נקרא בשם ז"א**, כמו שנבאר במקומו בע"ה. וה' אחרונה מלכות הנקרא אצלינו נוקבא דז"א. וכל זה הוא בדרך הוי"ה הכוללת החמשה פרצופים יחד כנזכר לעיל.
מבוא שערים ש"ג ח"ב פ"ט דכ"ו ע"ב – התפארת נקרא ו'.
רב פעלים, אורח חיים, ח"א ש"א ד"א ע"ד – גם עוד דע, כי באמת כל העשר ספירות נרמזו בשם הוי"ה ב"ה, דהיינו הכתר בקוץ היו"ד, והחכמה ביו"ד, והבינה בה"א ראשונה, **וחג"ת נה"י באות וא"ו**, והמלכות

הקדמה – הכלי[123] הוא תולדה של הכאה של אור מקיף באור פנימי.

הקדמה – מקום[124] עמידת עולם האצילות הוא באותו מקום של עמידת עולם הנקודות.

הקדמה – כל[125] מקום שנזכר פאה, הכוונה למלכות.

הקדמה – התבונה[126] היא מלכות דבינה.

הקדמה – יניקת[127] הקליפות והחיצוניים היא מהנה"י.

הקדמה – כל[128] פרצוף כולל מ"ה וב"ן, שהם נפש ורוח דאותו פרצוף.

הקדמה – כל[129] פרצוף נקרא זו"ן, שהוא ו"ק, בערך לפרצוף שמעליו.

הקדמה – אין[130] הדין נמתק אלא בשורשו.

בה"א אחרונה. **אמנם עיקר הרמז דאות וא"ו דשמא קדישא, הוא נקרא על שם התפארת, ולכן מכנים ורומזים לאות וא"ו דשם הוי"ה בשם התפארת** דוקא.
123

ע"ח שי"ה פ"ד מ"ת דנ"ח ע"ג – גם צריך שתדע הקדמה אחת, והוא כי **אי אפשר להיות בחינת הכלים**, אלא על ידי הכאת האור מקיף באור פנימי, **ומשם נעשה בחינת כלי מתולדת הכאה ההיא, וזכור זה.**
124

מבוא שערים ש"ב ח"ב פ"ה ד"ז ע"ג - וענין זה צריך ביאור רחב, ונקצר בו, והענין, כי כבר ביארנו בחלק א' פרק א', **כי עולם הנקודים הוא הוא עולם האצילות, ומתחילין מטיבור א"ק עד סיום רגליו בקירוב,** כמבואר בשער א' ח"א פ"ב, עוד יתבאר בשערים הבאים בע"ה. כי הנקודה האחת של העשרה נקודות, אשר ממנה נעשה כתר האצילות, הוא א"א, והוא מתפשט עד סיום האצילות אחד התיקון, וכל שאר הפרצופים דאצילות מקיפים ומלבישים אותו, זה על גבי זה.
125

ע"ח שי"ג פי"א מ"ק דמ"ז ע"א – כי בכל מקום, פאה היא מלכות.
126

ע"ח שי"ד פ"ט מ"ב דע"ד ע"א – ודע כי הבינה היא בחינת תשע ספירות הראשונים, והתבונה היא בחינת המלכות של הבינה הנזכרת לעיל.
127

ע"ח שי"ח פ"ד מ"ת דפ"ז ע"ד – ועתה תבין ותראה, איך נשארו הכלים של נה"י בלתי ניצוצין עצמן, ולכן יניקת הקליפות הוא מהם.
128

ע"ח ח"ב ש"מ דרוש ו' מ"ב דפ"א ע"ב – ובזה תבין איך בכל פרצוף מחמשה פרצופים **יש בחינת מ"ה וב"**ן, בין בזכרים בין בנקבות, והם **בחינת נפש ורוח** של אותו פרצוף.
129

רחובות הנהר ד"ג ע"ג – הרי נתבאר היטב מה שמבואר, כי כל פרצופי כל העולמות, **הם נקראים זו"ן, שהם** ו"ק. כל פרצוף נקרא בן, שהוא זו"ן, בערך הפרצוף העליון שעליו.
גמרא נידה דכ"ד ע"ב – תניא אבא שאול אומר ואיתימא רבי יוחנן, קובר מתים הייתי פעם אחת רצתי אחר צבי, ונכנסתי בקולית של מת, ורצתי אחריו שלש פרסאות וצבי לא הגעתי, וקולית לא כלתה, כשחזרתי לאחורי אמרו לי של עוג מלך הבשן היתה. תניא אבא שאול אומר קובר מתים הייתי, פעם אחת נפתחה מערה תחתי, ועמדתי בגלגל עינו של מת עד חוטמי, כשחזרתי לאחורי אמרו עין של אבשלום היתה. ושמא תאמר אבא שאול ננס הוה, אבא שאול ארוך בדורו הוה, ורבי טרפון מגיע לכתפו. ורבי טרפון ארוך בדורו הוה, ורבי מאיר מגיע לכתפו. רבי מאיר ארוך בדורו הוה, ורבי מגיע לכתפו. רבי ארוך בדורו הוה, ורבי חייא מגיע לכתפו. ורבי חייא ארוך בדורו הוה, ורב מגיע לכתפו, ורב ארוך בדורו הוה, ורב יהודה מגיע לכתפו. ורב יהודה ארוך בדורו הוה, ואדא דיילא מגיע לכתפו. פרשתבינא (שם של איש) דפומבדיתא קאי ליה לאדא דיילא עד פלגיה, וכולי עלמא קאי לפרשתבינא דפומבדיתא עד חרציה (עד מותניו).
130

הקדמה – מלוי[131] האותיות הוא בחינת דין.

הקדמה – בכל[132] מקום כאשר הפרצוף התחתון עולה לפרצוף העליון, ונכלל בו, העליון הוא בחינת הפנים, והתחתון עומד שם בבחינת האחוריים.

הקדמה – בכל[133] מקום שהבינה נקראת בשם אלהי"ם, מדובר בתבונה.

הקדמה – כל[134] אור מקיף הוא שם אהי"ה.

הקדמה – אבא[135] הוא הוי"ה, ואמא היא אהי"ה.

הקדמה – אבא[136] או חכמה הוא אוירא דכיא, ואימא או בינה הם אשא דכיא.

הקדמה – בתיקון[137] רגלי כל הפרצופים והספירות, מסתיימים בקרקע האצילות.

ע"ח שי"ג פי"א מ"ב דס"ז ע"א – וכבר ידעת כי מציאת הדיקנא כולו דנין, ועל ידו אתכפין דינין דלתתא, כי **אין הדין נמתק אלא בשרשו.**
131

ע"ח ח"ב של"ח פ"ב מ"ת – והנה ז"א נקרא אדם, כי הוא סוד מ"ה, שהוא הוי"ה דמילוי אלפי"ן, גימטריא מ"ה, ואד"ם. ונודע כי פשוט של הוי"ה, הוא העיקר. **כי המלוי הוא בחינת נקבה לפי שכולה דינין, ומלוי גימטריא אלהי"ם**, וגם נקרא מלוי מפני שכל כח הנוקבא ועצמות אורותיה וכחותיה כולם גנוזים תוך הז"א, כי עטרא דגבורה הוא תוך ז"א, ואחר כך יוצא חוץ ממנו.
שער מאמרי רשב"י דמ"ג ע"ג – והענין הוא במה שהודעתיך, כי כל המילויים הוא בחינת דין, כי כן מלוי בגימטריא אלהי"ם.
132

ע"ח שט"ו פ"ו מ"ב דע"ח ע"א – והטעם הוא עם הקדמה שנקדים לך, בענין הכללות הנזכר בכל מקום, כי כל מקום אשר התחתון עולה למעלה במקום העליון, להיותו נכלל שם עמו, **הוא שהעליון עומד בבחינת פנים, והתחתון עומד שם בבחינת אחוריים שלו.**
133

ע"ח שט"ו פ"ו מ"ב דע"ח ע"א – ודע כי בכל מקום שנמצא בזוהר, **שהבינה נקרא אלהי"ם, היא בתבונה** זאת היוצאת מאחוריים של הבינה, שהם אלהי"ם.
134

ע"ח שי"ז פ"ד מ"ב דפ"ה ע"ב – ואלו המקיפים הם בחינת אהי"ה, כי **כל אור מקיף הוא שם אהי"ה.**
135

ע"ח שט"ז פ"ו מ"ק דפ"א ע"ב – נמצא איך מזל השמיני מתלבש במזל הי"ג, בסוד **הוי"ה אהי"ה.** לכן הוא על דרך זה באו"א, אשר הם יונקים מאלו, **הוי"ה באבא, אהי"ה באימא, והבן כל זה.** ולכן על ידי שני מזלות אלו, נכללין או"א, ומזדווגים על ידו.
136

שער מאמרי רשב"י, אידרא רבא דמ"ה ע"ב – דע כי אוירא דכיא ואשא דכיא הם סוד אבא ואימא, לפי שסתם אוירא הנזכר בלשון פרטי הוא החסד, אבל כשמזכיר אוירא דכיא אז הוא כינוי אל **החכמה**, וכן אשא סתם הוא גבורה, אבל אשא דכיא היא **בינה.**
137

ע"ח שי"ג מ"ג פי"ת דמ"ח ע"ד – אבל מה שנשתנה עתה מבראשונה בעת יציאת נקודות העינים, הוא זה, כי אז היתה נקודת הכתר במקומה לבד בפני עצמה, ואחריה נקודת החכמה לבדה בפני עצמה, וכן על דרך זה היו כל העשר ספירות. **אבל עתה נתוסף תיקון גדול**, והוא כי נקודת הכתר נמשכה ונתפשטה ממקומה, עד למטה קרוב אל סיום רגלי א"ק, כמו שנבאר בע"ה. וזה ההתפשטות הוא כל שיעור הנקרא בשם עולם אצילות, ונקודה זו היא נקראת נוקבא (נ"א נקודת) דעתיק יומין, וכן על דרך זה עתיק יומין דדכורא, הנעשה מטעמים דמ"ה כנזכר לקמן, גם הוא מתפשט לשיעור הנזכר לעיל. וכן עשו כל השאר א"א ונוקבא, ואו"א, וזו"ן, והלבישו זה את זה, עד בחינת זו"ן, **באופן שכל רגלי הפרצופים דאצילות, בין דעתיק, בין דא"א, בין דאו"א, בין דזו"ן, כולן שוין בסיומם, והם מסתיימים יחד מעט למעלה מסיום רגלי א"ק, ושם הוא סיום**

הקדמה – אבא[138] הוא כללות או"א עילאין, ואימא היא כללות ישסו"ת.

הקדמה – חיצוניות[139] הפרצוף העליון נעשה פנימיות הפרצוף התחתון.

הקדמה – הצד[140] השוה בכל פרצופי האצילות.

הקדמה – יי"ה[141] דהוי"ה הוא או"א עילאין, ה' הראשונה דהוי"ה הוא ישסו"ת.

הקדמה – היסוד[142] של הפרצוף העליון, הוא הדעת של הפרצוף התחתון.

הקדמה – בכל[143] האצילות, שם מ"ה הוא זכר, ובחינת רוח, ושם ב"ן הוא נקבה, ובחינת נפש.

הקדמה – תמיד[144] אנחנו מדברים על צלם דאימא, וממנו יתבאר צלם דאבא.

הקדמה – שם אדם[145] הוא תמיד זכר ונקבה.

האצילות כולו. ועל ידי כך נעשה נשמה זה לזה, וזה מלביש לזה. וגם כי על ידי זה יוכלו הנבראים לקבל אורות העליונים שהם עתה מכוסים, ומתלבשים זה תוך זה.
138

ע"ח שי"ט פ"ח מ"ח דצ"ד ע"ג – הרי נמצא כי כפי האמת אבא הוא כללות או"א עילאין, יו"ד שבשם. ואימא היא כללות ישראל סבא ותבונה, ה' ראשונה שבשם.
139

ע"ח שי"ט פ"י מ"ב דצ"ה ע"ד – כי כבר ידעת, **כי חיצוניות עליון נעשה פנימית תוך פנימיות שלמטה ממנו**, ואז החיצוניות התחתון מוכרח לירד להעשות פנימיות אל שלמטה הימנו יותר, **והבן זה היטב**.
140

ע"ח שי"ט פ"ט מ"ב דצ"ה ע"א – והנה דוגמת או"א הם ז"א ורחל השוין בקומתן, ודוגמת ישראל סבא ותבונה הם יעקב ורחל הקטנים מהחזה דז"א ולמטה, **והבן זה**. ודע כי יש יעקב שהוא חצי תחתון דז"א, והוא המזדווג עם רחל הקטנה. ויש יעקב ולאה בחינת האחוריים דאו"א. **כלל העולה** כי יש עתיק ואו"א דמ"ה, ועתיק ואו"א דב"ן, וכנגדן ממש אבא וישראל סבא דמ"ה, בינה ותבונה דב"ן. וכנגדן ממש ז"א ויעקב דמ"ה, רחל ולאה)ס"א רחל(דב"ן. הרי)הם( )שלוש בחינות,)שהם ארבע, ארבע, ארבע(. כי כך הוא א"א דכורא לגבי עתיק דכורא, כמו ישראל סבא לגבי אבא, וכמו יעקב לגבי ז"א. וכן כך הוא נוקבא דא"א לגבי נוקבא דעתיק, כמו תבונה לגבי בינה, וכמו רחל הקטנה לגבי רחל עלאה. נמצא כי כשנחבר כל הבחינות, יהיה שלושה בחינות דזכר ונקבה, והם **אחד** עתיק ונוקבא, ובהם נכללין א"א ונוקבא. **שני** או"א, ובהם נכללין ישסו"ת. **שלישי** זו"ן, ובהם נכללין יעקב ורחל. וכשתחברם באופן אחר, יהיה א"א ונוקבא דעת הכולל חו"ג, מכריע בין החו"ב שהם עתיק ונוקבא. וכן ישסו"ת הם תפארת, מכריע בין או"א, שהם חסד וגבורה. וכן יעקב ורחל הם יסוד, המכריע בין נצח הוד, שהם זו"ן כנודע, דאיהו בנצח, ואיהי בהוד, **והבן זה מאוד**.
141

ע"ח שט"ו פ"ד מ"ב דע"ז ע"ג – והרי נתבאר כי באות י' של הוי"ה, יש בחינת **או"א עילאין**. ובאות ה' ראשונה של הוי"ה, יש בחינת **ישראל סבא ותבונה**, שהם תתאין.
142

שער הלקוטים, פרשת אמור דרל"א ע"א – כי הדעת מקבל אור גדול מחו"ב, שמתרבה אורה בדעת, חוץ ממה שבא לו בקו ישר, לעצמו כידוע במקומו. וכשתדקדק בענין תמצא, **שיסוד לעולם הוא דעת**, שיסוד עתיק דעת לאריך, ויסוד דאריך לאו"א, ויסוד דאו"א לזעיר, ויסוד זעיר דעת למלכות. נמצא, **שהיסוד הוא דעת**, וזה נעלם וזה נעלם. ולזה נקרא אילנא רברבא.
143

ע"ח שי"ט פ"ה מ"ב דצ"ב ע"א – הנה כל האצילות שהם חמשה פרצופין, נעשין משני בחינות, שהם שם מ"ה וב"ן.... **וזכור זה**. שם מ"ה זכר, ושם ב"ן נוקבא, וזה רוח, וזה נפש.
144

ע"ח ח"ב שכ"ה דרוש א' מ"ב ד"ב ע"ג – נמצא כי שתי צלמים, זכר ונקבה, זו בחינת חיה, וזו בחינת נשמה. וצלם אבא נעשית נשמה אל צלם דאימא, ומתלבש בתוכו, ונעלם שם. **לכן תמיד אין אנו מדברים אלא בצלם דאימא**, וממנו יתבאר צלם אבא. **וזכור ואל תשכח**.
145

הקדמה – האדם[146] התחתון כולל כל עשר ספירות דאצילות, מא"א עד הנוקבא דז"א.

הקדמה – הבינה[147] נקראת גבורות.

הקדמה – הדעת[148] אינה ספירה בפני עצמה.

הקדמה – ו"ק[149] נקרא אלהי"ם בערך א"א הנקרא הוי"ה.

הקדמה – כל[150] אור כלול מפנימי ומקיף.

הקדמה – כל[151] אור מקיף הוא שם אהי"ה.

הקדמה – פרצוף[152] המלכות הוא לפחות שלוש ספירות.

הקדמה – לכל[153] ספירה וספירה יש את כל הבחינות דאבי"ע. ובחינת העשיה דאותה ספירה היא בחינת החיצוניות שלה.

הקדמה – ז"א[154] נאצל בבחינת שני פרצופים חיצון ואמצעי.

שער ההקדמות בדרושי א"ק די"א ע"א – ועתה יתבאר ענין אחד נמשך מן האמור והוא כי הנה שם אדם אינו נקרא אלא הזכר והנקבה שהם זו"ן, שהם מ"ה וב"ן, ונמצא כי א"ק הוא בחינת זו"ן מ"ה וב"ן בערך הקודם אליו, ודי בזה, ויש בו כללות ע"ב ס"ג מ"ה ב"ן, וכן בחינת אורות היוצאים ממנו כולם יחד הם זו"ן כלול מע"ב ס"ג מ"ה ב"ן.
146

שער מאמרי רשב"י, אדרא זוטא דנ"ב ע"ד - אמנם האדם התחתון רומז אל כל העשר ספירות דאצילות, הכוללות כל האצילות ביחד, מרום אריך אנפין, עד סיום נוקבא דז"א.
147

ע"ח שי"ד פ"ב מ"ת ד"ע ע"ד - גם בזה תבין מה שכתוב בזוהר, על פסוק - מי ימלל גבורות הוי"ה, כי בינה נקרא גבורות, בסוד - ואם בגבורות שמונים שנה. וכן אמרו בזוהר כי הבינה דינין מתערין מינה, כנזכר פרשת אחרי מות, ופרשת ויקרא. וכן בהרבה מקומות, והטעם הוא לפי שכולה אינה נעשית ונבנית, אלא מגבורות לבדם.
148

ע"ח ח"ב שכ"ה דרוש שישי מ"ב די"ב ע"ג – כי הנה הדעת אינה ספירה בפני עצמה. אמנם הוא בחינת היסוד המזווג ומכריע בין חו"ב. ונמצא כי הדעת נחלק לחצאין, חציו הימני עטרה דחסד, מצד חכמה. וחציו השמאלי עטרה דגבורה, מצד הבינה.
149

ע"ח ח"ב שכ"ז פ"ד מ"ב די"ח ע"א – ודע כי השתי בחינות ראשונים, כיון שאין בהם רק ו"ק, נקרא אלהי"ם, **כנודע כי כל בחינת ו"ק נקרא אלהי"ם, כי כן ז"א להיותו ו"ק של כללות עולם האצילות, נקרא אלהי"ם בערך א"א הנקרא הוי"ה**, כנזכר באדרא. נמצא כי הו"ק דז"א נקרא אלהי"ם, והמוחין הוי"ה.
150

שער מאמרי רשב"י דנ"ד ע"א – כי כבר הודעתיך, כי כל אור כלול מפנימי וממקיף.
151

שער מאמרי רשב"י, דנ"ו ע"ד - כמו שהודעתיך, כי כל אור מקיף הוא שם אהי"ה.
152

ע"ח ח"ב ש"ל דרוש ב' מ"ב דכ"ו ע"ד – פרצוף של המלכות, אין פחות משיעור זה, בסוד וירא והנה בשדה, והנה שם שלשה עדרי צאן רובצים עליה, שהם נה"י, כנזכר בזוהר. ופחות משלוש ספירות אין נקרא פרצוף.
153

ע"ח ח"ב ש"מ דרוש ב' דע"ט ע"ד – כי החיצוניות של כל עולם ועולם, הוא בחינת חלק העשיה שיש בכל עולם. כנודע כי כל אחד מארבעה עולמות אבי"ע כלול מכל חלקי אבי"ע, **ולא זו לבד אלא אין לך כל ספירה וספירה, שאין בה ארבע חלקי אבי"ע**. ובפרטות, **בחינת חיצוניות הספירה ההיא, הוא בחינת עשיה אשר בה**.
154

הקדמה – שלושה[155] פרצופי ז"א נקראים פנימי אמצעי וחיצון, והם פרצוף אחד, ובתוכם נר"ן.

הקדמה – כאשר[156] הרב ז"ל מבאר את בחינת אימא ותבונה, נבין כי אותה מערכת היא גם באבא וישראל סבא. ר"ל מאימא נבין את אבא.

הקדמה – יש[157] חמשה חילוקים בין או"א לזו"ן.

ע"ח ח"ב ש"ל דרוש א' מ"ת דכ"ו ע"ב – ודע כי כשנאצל ז"א, נאצל בשני הפרצופים, **חיצון וגם האמצעי**, הנקרא בחינת ו"ק, נה"י וחג"ת. אמנם בעיבור ראשון שבעת התיקון כנודע, אז לא נתקן רק פרצוף החיצון כשיעור קומתו לבד, שהוא שיעור נה"י, ואז גם פרצוף השני היה מלובש בתוכו, והיה שוה כקומת החיצון, **כי אי אפשר לז"א שיהיה פחות מו"**ק, אלא שעדיין לא נתקן. וזה סוד תלת כליל בתלת. ואחר כך על ידי היניקה, נתקן גם פרצוף השני, ואז הראה כחו ועצמותו, ואז נגדל הז"א כשיעור קומתו של פרצוף השני, שהוא קומת ו"ק, נה"י חג"ת, ונתגדלו שני הפרצופים.
155

ע"ח ח"ב ש"ל דרוש ד' מ"ב דכ"ח ע"א – והרי נשלם עתה ז"א שלם בכל חלקיו, שהם שלוש גופות תוך זה, וראשון **נקרא פרצוף דאחור, ונקרא נה"**י לבד, כי כל ספירות הפרטיות כלולות מנה"י לבד, אשר על כן זה פרצוף גבוה שליש הקומה. ופרצוף השני **נקרא חג"ת, נקרא אמצעי**, כי כל ספירות הפרטיות נכללין מחג"ת נה"י, וזה גובה שליש האמצעי של קומת ז"א, יותר מראשון. ופרצוף השלישי **נקרא פנימי, ונקרא חב"**ד, יען כל ספירות הפרטיות כלולות מתשע ספירות, חב"ד חג"ת נה"י, ועל כן הוא גדול הקומה שליש יותר. וכל שלוש אלו הם שלושה לבושין, ושלשתן יחד נקרא גוף שלם גמור אל הז"א, וזה גבוה מזה, וזה גבוה מזה, **הכל ביחד הוא פרצוף אחד**, ובתוכם נר"ן.
156

ע"ח ח"ב שכ"ה דרוש ד' מ"ב ד"י ע"א – הנה נודע כי הם בינה ותבונה ולפעמים נכללים בפרצוף אחד, ולפעמים נחלקים. והנה בעת זווגם דאו"א להוציא צלם המוחין אלו, נכללין בינה ותבונה, ועל דרך זה אבא וישראל סבא, ואין להאריך. **כי מאימא נבין את אבא.**
157

שער מאמרי רשב"י, אדרא זוטא דנ"ט ע"ג – דע כי חמשה חילוקים יש בין אבא ואימא אל זווג ז"א ונוקביה. **האחד** הוא, כי אבא ואימא הם תמיד שוים בקומתם, מה שאין כן בז"א ונוקביה, כי הנוקבא לא יצאת עד אחר שיצא ז"א, עד אחר חצי התפארת שבו. ואחר כך יצאת היא משם ולמטה, ובערך בחינה זו אמר כחד נפקין. **השני** הוא, כי אבא ואימא מן העת שנתקנו ואילך, תמיד היו פנים בפנים, אבל ז"א ונוקביה אף גם אחר התיקון, שבא אחר מיתת המלכים כנודע, אינם פנים בפנים אלא לפעמים, ובערך בחינה זו אמר כחד שריין. **השלישי** הוא, כי אבא ואימא זווגייהו תדיר ולא אתפרשן, מה שאין כן בז"א ונוקביה, שזווגם הוא לפרקים, ובערך בחינה זו אמר לא אפסיק דא מן דא, **אבל צריך שתדע** כי שני מיני זווגים הם האחד הוא להאציל נשמות חדשות לתחתונים, והשני הוא לתת חיות ומזון אל העולמות, וזה הזווג השני של חיות העולמות, אינו נפסק לעולם מן אבא ואימא, כדי שלא יתבטלו ויחרבו העולמת כולן ח"ו אם יפסק רגע אחד, אבל הזווג האחר נפסק לפעמים, אפילו מאבא ואימא כמו שהודעתיך במצות שלוח הקן ועיין שם. אבל בז"א ונוקביה אפילו זה הזווג השני של החיות נפסק לפעמים, וזה מה שאמר הכתוב - לא ידון רוחי באדם לעולם, רוצה לומר לא ימשך רוח החיות העליון באדם העליון, הנקרא ז"א, לעולם, כי אם יהיה נמשך תמיד לעולם, יאריכו הרשעים ימים רבים ויחיו תמיד ברשעם. אמנם מראותם שאינם מאריכים ימים, יחזרו בתשובה, ולכן - לא ידון רוחי באדם לעולם, אלא שיהיה נפסק, מה שאין כן בזווג אבא ואימא כנזכר לעיל. **הרביעי** הוא, כי אבא ואימא הם רחמים, כי אפילו אימא שאמרו בספר הזוהר - דדינין מתערין מינה, היינו אחר שיצאו ממנה ז"א ונוקביה, אבל בהיותם למעלה, הכל הם רחמים. מה שאין כן בז"א ונוקביה, שלפעמים הם רחמים, ולפעמים הם דין, וזה מה שכתוב בספר הזוהר בפרשת חיי שרה בדף קכ"ג ע"א, על מאה שנה ועשרים שנה ושבע שנים, כי בכתר ובאבא ואימא, שהם בחינת מאה, ובחינת עשרים, נקט לשון שנה, דלית בהו דינא ורחמי, אבל בז"א ונוקבא שהם בחינת שבעה, נקט לשון שנים רבים, דמתפרשן בדינא וברחמי. **החילוק החמישי** הוא כי אבא ואימא אין בהם בחינת החיבוק נפסק מהם, והם כתרין רחימין דמתחבקאן דא בדא, כנזכר בספר הזוהר, מה שאין כן בז"א ונוקביה. **עוד יש חילוק אחר** זולת החמשה החילוקים הנזכרים, והוא כי אבא ואימא אינון חד גופא ממש, מתדבקן דא בדא פנים בפנים, מה שאין כן בז"א ונוקביה, שהם תרין גופין.

הקדמה – מציאות[158] ובחינת א"ק הוא א"א.

הקדמה – סוד[159] הצמצום הוא הוא גילוי שורש הדין.

הקדמה – הקדושה[160] משאירה רושם בכל מקום.

הקדמה – כל[161] בחינת נה"י הם בסוד תוספת.

הקדמה – בחינת[162] הכלים היה בכח באור.

הקדמה – האותיות[163] הם בחינת נפש.

הקדמה – כל[164] דבר שבקדושה שורשו אינו נעקר.

158

ע"ח שט"ז פ"ה מ"ק דפ"א ע"א ע"ג – זה נרמז בזוהר פרשת תרומה דף קס"ז, בסוד אדם קדמאה אגליף ציורא דיליה גו משחתא וכו', שפירושו **כי א"ק הוא מציאות א"א.**
רחובות הנהר ד"ט ע"ב – ואף על פי ששם לא נזכר כי אם עד בחינת א"א, **כבר נודע כי בחינת א"א המוזכר בדברי הרב ז"ל, הוא בחינת א"ק שהוא א"א הכולל,** ודוק.

159

מבוא שערים ש"א ח"א פ"א ד"א ע"א ע"ב – וזהו ענין מה שאמרו רז"ל, כי תחילה ברא השם יתברך העולם במידת הדין, ואחר כך שיתף עמו מידת רחמים. הכוונה, **כי בעת עשית המקום על ידי הצמצום, היה המדת הדין,** ואחר שנאצלו העולמות בתוך המקום. ואור הא"ס נתלבש בתוכם, כמו שנבאר בע"ה, אז היה מדת רחמים. **והנה גם אשר צמצום הזה היה דין,** נקרא מקלקל על מנת לתקן, **כי היה בהכרח להתגלות שורש הדין אז תחילה,** כי כל כוונת האצילות העולמות היה לברר העולמות, כנזכר במבוא שערים. והנה זה היה הצמצום הראשון של אצילות כל העולמות. ונראה לעניות דעתי כי הנקודה האמצעית של הא"ס, **שם היה כח שורש הדין,** שנתגלה אחר כך למטה, וממנה נעשה המקום שהוא דוגמת הכלי. וממה שסובב על הנקודה ההיא, נמשכו חיצוניות העולמות, ומהיותר סובב נמשך פנימיות. **ודי בזה שלא נחטא.** והזהר שאל תחשוב כי שם בנקודה ההיא היה גילוי דין ח"ו.

160

שער המצות, פרשת שמיני ד"כ ע"א – עם כל זה נודע כי כל בחינת קדושה, נשאר ממנה רושם אחד קיים, בכל מקום שהולך.

161

ע"ח שי"ג פ"ז מ"ב דס"ד ע"ד – ונחזור לענין, כי שבעה תחתונות דעתיק, אף על פי שאמרנו שהם מתלבשין בשבעה דגלגלתא דא"א, עם כל זה, בהכרח הוא שיתפשטו בכל קומת א"א, ועיקר מה שהם ברישא דא"א, אינם אלא שנים, שהם חסד וגבורה, חסד ברישא בגלגלתא, גבורה במוחא, כי גלגלתא ומוחא הם תרין רישין תתאין, והם שרשים לכל מציאת רישא. אבל שאר המתגלין בשבעה דרישא, אינם רק הארה בעלמא. אך עיקר התלבשותם למטה בשאר קומה דא"א. כיצד, תפארת בבינה דא"א, שהוא גולגלתא דאו"א, נצח הוד בחסד גבורה דא"א, שהם מוחין לאו"א. **כי כבר ידעת כי לעולם כל נה"י הם באים מסוד תוספת, ואינם עיקרין, לכן הם באים תמיד בדרך הוספה ולא שורש ועיקר.** לכן מסוד יסוד עתיק מתפשטין נה"י דא"א, וכן הענין בכל נה"י דאצילות.

162

ע"ח ש"ו פ"ג מ"ת דכ"ה ע"ד – והענין הוא כי בודאי שבחינת הכלים היה בכח, אף כי לא היה בפועל **בתוך האור,** כי היה בבחינת האור היותר עב וגס, רק שהיה בו מחובר בעצם היטב, ולכן לא נגלה בחינתו.

163

ע"ח ש"ה פ"ג מ"ב דכ"ב ע"ד – נמצא כי שורש חמשה מוצאות, נעשה מחמשה גבורות דמנצפ"ך, ואז יצאו מחמשה מוצאות כל הכ"ב אותיות, בסוד אחע"ה כו', הנחלקים לחמשה חלקים, ויען הם נמשכין מגבורה שהם בחינת מלכות, הנקרא נפש, ולכן **האותיות נקרא נפש** כנודע.

164

ע"ח ח"ב של"ד פ"ד מ"ב דמ"ז ע"ד – וזהו הענין כי האשה עולה עמו ואינה יורדת עמו, כפי השתנות הזמנים מקומותיה משתנים בקו אמצעי, **ולעולם נשארין שרשים קיימין שם כנודע, כי כל דבר שבקדושה אינו**

הקדמה – חיה[165] נקראת נשמה לנשמה, ההוא מן החכמה.

הקדמה – לכל[166] שיעור קומה יש פרסא

הקדמה – לכל[167] יציאת אורות ועולמות חדשים, נעשה על ידי צימצום.

הקדמה – כל[168] תחתון יש בו כח העליון המתפשט בו.

הקדמה – ענין[169] מ"ן.

הקדמה – מלכות[170] היא בחינת חשבון וגימטריא, של מספר האותיות דהזכר.

הקדמה – אין[171] דבר בעולם שאין בו פנימיות וחיצוניות.

נעקר שרשו משם. ובזה אל תתמה בכמה בחינות שנמצאו אל המלכות, כי הנה תחלה היתה מקומה בעטרה שתחת היסוד, ושם היא רמוזה המלכות, ואחר כך גדלה (ועמדה) ונעקרה משם ועלתה על התפארת שבו, כמו בתפלת השחר. ואחר כך נתקנית לגמרי וחוזרת עמו פנים בפנים, **ולא מפני זה נעקרה שרשים הראשונים, ושם נשארין קיימין לעולם.** אשר זהו הענין האשה עולה עמו ואינה יורדת עמו, כי בכל גידול של הז"א גם היא היתה נגדלת עמו, **ונשארין שרשיה קיימין בו.**
165

ע"ח ש"ו פ"ה מ"ק דכ"ז ע"ד – בכל בחינה ובחינה יש ארבעה מציאות. שהם אחד - כלים. שני - נר"ן פנימים. שלישי - חיה מקיף. רביעי - יחידה מקיף אל מקיף. ושתי בחינת אלו האחרונים, **הראשון נקרא חיה, שהוא מקיף ראשון, ונקרא נשמה לנשמה, והוא מן החכמה**, בסוד - והחכמה תחיה את בעליה, וכן חיי"ם גימטריא חכ"ם. והשני שהוא מקיף השני, נקרא יחידה, והוא מן הכתר.
166

מבוא שערים ש"ב ח"א פ"ב ד"ב ע"ג – והענין, **כי בכל שיעור קומה, יש חד פרסא באמצעות**, אשר עליה נאמר - יהי רקיע בתוך המים.
167

מבוא שערים ש"ב ח"א פ"ב ד"ב ע"א – כי בכל יציאת אורות מחודשים, ועולמות נוספים, **אינו אלא על ידי צמצום אור**, כי כן היה צמצום הא"ס להוציא א"ק, וא"ק להוציא הנקודות.
168

ע"ח שי"א פ"א מ"ק ד"נ ע"ג – כי כל **דבר תחתון יש בו כח עליון** בהכרח המתפשט בו.
169

ע"ח ש"י פ"א מ"ת דמ"ז ע"ג – אמנם בחינת המ"ן שאמרנו לעיל שעלו, לצורך הזווג העליון הוא עצמו, ענין עליית שבעה אורות למעלה בבינה, **וזכור הקדמה זו מה הוא ענין העלאת מ"ן**. והנה בזווג זה צריך שיתוקנו כל העשר ספירות מכתר עד מלכות, כי אפילו ג"ר אינן מתוקנים, ולכן בחינת העלאת מ"ן אלו היה **למעלה בע"ב ס"ג דא"ק**, כמו שנבאר בע"ה. ועל ידי זווג ועיבור זה, נתקן כל עולם האצילות כולו, מעתיק יומין עד מלכות.
170

ע"ח שי"ד פ"ה פ"ב דע"ב ע"ב – נמצא כי כל מה שהוי"ה הולכת ומתמלאת, הוא יותר דין, ועצמותם בפשיטותם הוא תכלית הרחמים. והנה ג"ר אלו דאבא הפנים שלהם הם מ"ב אותיות של התשע ראשונות שבכל אחד ואחד מן השלשה, שהם זכרים. וזה סוד שם מ"ב דאיהו בריישא, כנזכר בתיקונים קל"ב. **וגם בשלוש מלכיות, שבהם יש מ"ב אתוון עצמן, אלא שהם בסוד מספר**, וזה סוד - **עיניך בריכות בחשבון**, כנזכר בזוהר פנחס - **דכל חשבון וגימטריא אינון במלכות**, ר"ל במלכות של כל ספירה וספירה, **כי היא בחינת מספר** של הזכר שלה.

ע"ח שי"ד פ"י מ"ב דע"ב ע"ד – והנה הבחינה ההוא **הנקרא חשבון לעולם הוא בבחינת המלכות בכל מקום שתהיה**, על דרך משל, במלכות דאבא הנזכרת לעיל יהיה בחינת חשבון הוי"ה דיודי"ן בבחינת היותה חשבון ע"ב, וכן במלכות דאימא הוא חשבון הוי"ה דס"ג, ועל דרך זה בכל שמות שבעולם. **הנה חשבונם הוא במלכות שבאותו בחינה, וזכור הקדמה זו.**
171

ע"ח שי"ד פ"ט מ"ב דע"ד ע"א – שאין לך דבר בעולם שאין בו פנימית וחיצונית.

הקדמה – אבא[172] הוא בחינת או"א עילאין, ואימא היא בחינת ישסו"ת.

הקדמה – לעולם[173] זו"ן מקבלים מוחין שלהם אך ורק על ידי ישסו"ת.

הקדמה – הכתר[174] הוא שורש המוחין.

הקדמה – לפעמים[175] מונים את הכתר ולפעמים את הדעת.

172

ע"ח שי"ד פ"ה מ"ב דע"ב ע"א – הנה תבין היטב **כי אבא הוא כללות או"א**, והם הוי"ה ע"ב, ואהי"ה דיודי"ן, בפנים וכן באחוריים. **ואימא כוללת ישראל סבא ותבונה**, והם הוי"ה דס"ג, ואהי"ה דיודי"ן, בפנים שלהם וכן באחוריים.

ע"ח שי"ט פ"ח מ"ב דצ"ד ע"ד – נמצא כי כפי האמת אבא הוא כללות או"א עילאין, יו"ד שבשם. ואימא היא כללות ישראל סבא ותבונה, ה' ראשונה.

173

ע"ח ש"כ פ"ה מ"ב דצ"ח ע"א – אמנם לפעמים לוקח כולם על ידי בינה הכללית, שהם בחינת ישראל סבא ותבונה. ולפעמים עולה יותר, ולוקח כולם ממקום החכמה הכללית, שהם או"א עילאין. ולפעמים עולה יותר, ולוקח כולם ממקום הכתר הכללית, שהוא א"א ונוקבא. **אמנם דע כי לעולם אי אפשר שיקחם אלא על ידי ישסו"ת, כי הרי הם עליונים ממנו.** אך העניין הוא כי אי אפשר לעלות למעלה ממדרגתו, כי הרי אין מקום פנוי וחלל, אמנם צריך שתתעלה ישראל סבא ותבונה למקום או"א, ואז זו"ן יעלו למקום ישראל סבא ותבונה, ויעלו או"א למקום א"א ונוקבא, ויעלה א"א ונוקבא למדרגה שעליו, וכן על דרך זה עלייה למעלה מעלייה, **עד שיתנענעו ויתחלפו כולם ממקומם.** נמצא כי בעלות ישראל סבא ותבונה למעלה, במקום או"א, הנה נמצא זו"ן במדרגת ישראל סבא ותבונה. וכשעלו ישראל סבא ותבונה למעלה בא"א ונוקבא, יעלו זו"ן במקום או"א עצמם, ונמצא כי הרי הם נקרא או"א עצמן. **אמנם אינם מקבלים הארה והמוחין שלהם, אלא על ידי ישסו"ת.** שגם הם עלו, **ודי בזה.**

174

ע"ח שכ"ג פ"ז מ"ב דק"ח ע"ג – ודע שהכתר כולל כל מה שיש במוחין, וכללות הראש, לכן כל בחינת ארבעה מוחין הם בכתר לבדו, **ששם שורש המוחין.** ואחר כך המוחין כוללים כל מה שיש בגופא כנודע, שהרי הם מתפשטין בהארתם בשלוש קוי הז"א.

ע"ח ח"ב שמ"ב פ"א מ"ב דפ"ט ע"ג – הכלל היוצא מזה, כי האמת הוא שהנאצל אין בו רק ארבעה מדרגות, שהם ארבעה אותיות הוי"ה, והם אבי"ע, והם חכמה ובינה, תפארת ומלכות, כי לכן התורה התחילה מבראשית, ואין ראשית אלא חכמה, כמארז"ל ואמרו כן בלשון שלילה, כדי לשלול את הכתר. אמנם יש בחינה אמצעית כולל שתי בחינות, **מאציל ונאצל, והוא הנקרא כתר, וכתר זה יש בו כללות כל מה שלמעלה ממנו**, ואף אם הוא קטן מכולם, ויונק מכולם, **ויש בו שורש כל העשר ספירות הנאצלים, והוא משפיע בכולם.** ובזה אל תתמה אם לפעמים אנו אומרים כי עשר ספירות דאצילות נחלקים לארבעה אותיות הוי"ה, ולפעמים אנו אומרים שנחלקין לחמשה פרצופים, והוא כשאנו אומרים שהוא ארבעה הוא מנין הנאצלים ממש בפועל, וכשאנו מונין חמשה פרצופים **הוא שאנו מונין שורש המאציל עם הנאצלים עצמם.** ודע כי על דרך זה הוא בכל העשר ספירות שבכל עולם ועולם, וכן בפרטות בכל פרצוף ופרצוף, כי לעולם כל בחינה ובחינה נקרא עליונה מאציל, ותחתונה נאצל, ואי הנאצל פחות מארבע אותיות הוי"ה אפילו בעשר ספירות פרטיות, ופרטי פרטיות. ויש בחינה אמצעי ביניהן, **הנקרא כתר**, והבן זה מאד, כי בו יובנו כל הדרושים שנבאר. וזהו אני ראשון ואני אחרון, כי הכתר הוא ראשון והוא אחרון, והוא אי"ן והוא אנ"י, כי בבחינת מלכות של מאציל אשר בו הוא אחרון, ונקרא אנ"י, שהוא המלכות. **ובבחינת שורש הנאצלים, אשר בו שהוא בחינת כתר, הוא הראשון, ונקרא אי"ן, שהוא אותיות אנ"י.**

175

ע"ח שכ"ג פ"ח מ"ב דק"ט ע"ג – ואמנם החיצוניות דכתר נטלו הדעת דז"א, הנעשה משתי שלישים ראשונים דתפארת דז"א, כנזכר במקומו. ולכן הדעת משלים לעשר ספירות במקום הכתר, וזהו בבחינת חיצוניות, אך בבחינת הפנימיות הכתר, הוא מכלל העשר ספירות דז"א. **לכן אל תתמה אם אנו מונין לפעמים הדעת במנין עשר ספירות, ולפעמים הכתר**, כי זה בחיצוניות וזה בפנימיות.

הקדמה – עצמות[176] וכלים הם גוף ונשמה.

הקדמה – חילוק[177] היסוד דאבא לשלוש שלישים.

הקדמה – כל[178] טיפה כלולה מעסמ"ב.

הקדמה – כל[179] אחד מעולמות אבי"ע כלול מכל חלקי אבי"ע, כאשר החיצוניות דכל עולם הוא בחינת העשיה. וכן כל ספירה כלולה מאבי"ע, והעשיה שבה הוא בחינת חיצוניות הספירה.

הקדמה – עולם[180] הבא תבונה, ולעתיד לבוא בינה.

נהר שלום, דרוש הדעת דמ"א ע"ב – ולפי שהכתר אינו מכלל העשר ספירות, והושם ספירת הדעת במקומו, לכן נרמז בקוץ היו"ד, ולא באות ממש.

176

ע"ח ח"ב ש"ל דרוש ב' מ"ב דכ"ו ע"ד – ואחר זה צריך שתדע כי כל פרצוף מאלו החמשה, **יש לו עצמות וכלים, הנקרא גוף ונשמה.** אמנם האור שלו הנקרא נשמה, גם הוא נחלק לחמשה מיני אורות, כמספר חמשה פרצופים, והם נרנח"י, והם הם ענין כח"ב, ודעת, ושישה קצוותיו, ומלכות. האמנם בענין **הגוף וכלים** אשר לו לא היה רק שלוש חלקים דכלים לבד, כי כנגד חיה ויחידה אין כלי יכול לסובלו.

177

ע"ח ח"ב של"א פ"ג מ"ת דל"ד ע"ב – אבל היסוד אף על פי שנחלק לשלוש חלקים, אינו רק שתי פרקים לבד. ונמצא כי כאשר השליש העליון של היסוד נעשה ממנו תפארת בעת ההגדלה כנזכר לעיל, אין השליש ההוא בחינת פרק שלם בפני עצמו, ולסבה זו אף על פי שנעשה ממנו תפארת, עדיין נקרא יסוד, כי לא נפרד, ויש לו התקשרות עם היסוד. וזה סוד מה שמבואר פרשה פנחס רכ"ג דגוף וברית חשבינן חד. **ונחזור לעניין לבאר ענין היסוד של אבא כי הנה יש בו ב"ו יסוד ועטרה בו והנה היסוד ארוך יותר מן העטרה ולכן היסוד עצמו נחלק לב' חלקים א' הוא שורש היסוד המושרש ומונח בין ב' ראשי הירכיים שהם נ"ה אשר שם מחוברים יחד שלשתן שהם הנה ומקושרים יחד שלשתן ומבחי' חלק יסוד זה נעשה דעת דז"א דמצד אבא כי הוא מחובר עם חו"ב שברישי ירכין שהם נ"ה של אבא. ושיעור התפשטות חלק זה העליון של יסוד אבא הנה הוא נמשך עד סיום שליש עליון דת"ת דז"א שהוא עד החזה ממש כשיעור התפשטות סיום היסוד ועטרה של אמא כנ"ל וחלק תחתון של יסוד אבא הוא בחי' היסוד אחר התפרדו מן הירכיים שהם נ"ה ונבדל בפ"ע ושיעור התפשטותו מן החזה דז"א עד סיום הת"ת שהוא הגוף דז"א ובזה תבין כי כמו שמן החזה ולמטה נבדל ונפרד היסוד מן נ"ה דאבא בתוך הז"א כן הז"א עצמו עד החזה היו ב' זרועותיו מתדבקין עם גופו ומהחזה ולמטה נפרדי קוי הזרועות ימין ושמאל מן הגוף שהוא קו האמצעי והבן זה. והנה העטרה של יסוד אבא היא מתלבשת תוך יסוד ז"א ושיעור עטרה זו בסיום)נ"א כשיעור(כל היסוד כולו דז"א**

178

ע"ח ח"ב שט"ל דרוש ה' מ"ב דע"א ע"א – הנה נודע שאין שום טפה כלולה מע"ב ס"ג מ"ה ב"ן.

179

ע"ח ח"ב ש"ם דרוש ג' מ"ב דע"ט ע"ד – כי החיצוניות של כל עולם ועולם הוא בחינת **חלק העשיה שיש בכל עולם**, כנודע כי כל אחד מארבעה עולמות אבי"ע כלול מכל חלקי אבי"ע. **ולא זו לבד**, אלא אין לך כל ספירה וספירה שאין בה ארבעה חלקי אבי"ע, ובפרטות בחינת חיצוניות הספירה ההיא, **הוא בחינת עשיה אשר בה.**

180

ע"ח שט"ו פ"ה מ"ב דע"ז ע"ד – והטעם כי הנקבות נקראות עולם, כמו שכתוב בזוהר ויחי על פסוק - מן העולם ועד העולם. וזה **התבונה נקרא עולם הבא**, עלמא דאתי, לפי שהיא יורדת למטה ומתגלית תמיד. אבל בינה עליונה נשארת למעלה ואינה יורדת, לכן בינה נקראת לעתיד לבוא. כי המוחין עליונים דז"א המלובשים בנ"י דבינה עליונה, הם עתידין לבוא אחר כך, כאשר יתגדל מעלתו, ויהיה לו מוחין עליונים יותר מן בינה, ולא מן התבונה, ואז יהיה לעתיד לבוא. אבל מוחין דנצח הוד יסוד דתבונה, הם נמשכין בו תמיד, ולעולם הם נמשכין, ובאין. וזהו פירוש עולם הבא, עלמא דאתי, כי תמיד נמשך ובא. **וזהו ההפרש שיש בין עולם הבא ובין לעתיד לבוא, כי זהו בתבונה, וזהו בבינה**, בבחינת הנצח הוד יסוד שבהם, הנעשין מוחין דז"א. וזהו מה שכתוב בספר הבהיר, ששאלו התלמידים לרבי רחומאי - מהו עולם הבא, אמר להם - **עולם שכבר בא.**

הקדמה – הכלי[181] נעשה על ידי הכאת האור המקיף באור הפנימי.

הקדמה – אבא[182] עילאה נקרא הוי"ה דע"ב, ואימא עילאה נקראת אהי"ה דקס"א.

הקדמה – בחינת[183] הבינה היא רחמים, והתבונה היא דינין.

הקדמה – בז"א[184] יש מ"ה וב"ן, ובנוקבא יש מ"ה וב"ן.

הקדמה – באין[185] סוף אין תמונה, ציור, אות או הרהור.

הקדמה – יסו"ת[186] הם נשמה, בינה. ואו"א עילאין הם חיה, חכמה. א"א יחידה, כתר.

ע"ח ח"ב שמ"ג פ"ג מ"ב דצ"ז ע"ב – החילוק שיש בין עולם הבא ובין לעתיד לבוא, **ששניהן באימא**, אך יש בינה ותבונה, והתבונה היא נכנסת בבחינת מוחין גו רישא דז"א, **ותבונה זו נקראת עולם הבא**. כנודע שהנוקבא נקרא עולם, ואמנם עולם התבונה זו בא תמיד בסוד מוחין, ונמשך אל רישא דז"א, וזה שכתוב בספר הבהיר, שאלו תלמידיו - מהו עולם הבא - אמר להם - עולם שכבר בא. פירוש, שכבר נמשך ובא ברישא דז"א ותמיד, נמשך ובא עולם הבא, כתרגומו עלמא דאתי, ופירושו דאתי - תדיר ואתמשיך ברישא דז"א. **אך בינה נקרא לעתיד לבוא**, שעדיין לא בא, אמנם עתידין לבוא אחר כך, שאז יגדל מעלת ז"א ויהיה לו תמיד מוחין דבינה, ולא מתבונה, וזהו ענין אמרם לעתיד לבא.
181

ע"ח שי"ב פ"ד מ"ת דנ"ח ע"ג – גם צריך שתדע הקדמה אחת, והוא כי אי אפשר להיות בחינת הכלים, **אלא על ידי הכאת האור מקיף באור פנימי**. ומשם נעשה בחינת כלי מתולדת הכאה ההיא, **וזכור זה**.
182

ע"ח שט"ו פ"ו מ"ב דע"ח ע"א – והנה בינה עליונה ואבא עלאה הם שתי שמות, **אבא נקרא הוי"ה ע"ב דמילוי יודי"ן. ואימא נקראת אהי"ה דיודי"ן, גימטריא קס"א.**
183

ע"ח שט"ו פ"ו מ"ב דע"ח ע"א – כי הנה זאת התבונה יוצאת מן האחוריים של בינה עליונה, ואותן האחוריים של בינה הם שמות דאלהי"ם כנודע, כמו שנבאר בע"ה. כי כל האחוריים הם שמות אלהי"ם, וזה שכתוב בזוהר פרשת אחרי מות דף פ"ה - **כי הבינה נקראת רחמים בלחודוהי**, אך מסטראה דינין מתערין. ופירוש מסטראה, ר"ל מצדדיה, שהם האחוריים שלה, שהם הדינין. **אבל היא עצמה בבחינת הפנים שלה היא רחמים**. ודע כי בכל מקום שנמצא בזוהר **שהבינה נקרא אלהי"ם, היא בתבונה זאת היוצאת מאחוריים של הבינה, שהם אלהי"ם.**
184

ע"ח שי"ז פ"ג מ"ב – כי בז"א לבדו יש מ"ה וב"ן, וכן בנוק' לבד יש מ"ה וב"ן.
185

דעת ותבונה פי"ט דס"ו ע"א – כתב רבינו מהרח"ו זלה"ה בשערי קדושה חלק ג', וז"ל - הנה המאציל העליון אשר האציל כל העולמות, **נקרא אין סוף, ואין בו שום תמונה, לא בשם, ולא באות**, ואפילו בקוצי האותיות כלל. ולכן **אפילו ההרהור אסור בו.**
186

ע"ח ש"י פ"כ פ"ח מ"ב דצ"ט ע"ג – וביאור הדבר כי תחלה היה לו בחינת עצמו, שהוא רוח, ובחינת נוקבא הכוללת בו, והוא נפש. ובלקחו מישראל סבא ותבונה כל אותן הצלמים, אז יש לו **נשמה שלימה**, כי הרי **ישראל סבא ותבונה נקרא בינה** כנודע. ובלקחו אותם שנית מן **או"א עלאין הנקרא חכמה**, יש לו **חיה** בשלימות. ובלקחו אותן)ג' כלים(**מא"א הנקרא כתר, נשלם בו יחידה בשלימות.**

עֵץ חַיִּים

לְרַבֵּינוּ חַיִּים וִיטַאל

שֶׁקִיבֵּל מִמָרָן הָאֲרִ"י זלה"ה

שַׁעַר ו'

שַׁעַר הָעֲקוּדִים

פֶּרֶק ד'

חֵלֶק הַתַרְשִׁימִים טַבְלָאוֹת וְצִיוּרִים

שִׁמְזֹת חַיִּים

הקדמה קצרה

דע כי כל התרשימים הציורים והטבלאות, הם אך ורק לשכך את האוזן, ולשבר את העין. וכל הציורים הם לא שלמים.

כתב הרי"ח הטוב ברב פעלים ח"ב בסוד ישרים ה' - אך דע לך כי סדר התלבשות המחצבים שכתב מהרח"ו בשערי קדושה עד עולם הזה שאנחנו עומדים בו. וכן סדר התלבשות הפרצופים אשר בכל מחצב ומחצב, וסדר התלבשות העולמות זה בזה, והיושר והעיגולים, לא איך אינש דכיל למנלע רזא דנא, איך היא עשוי, איך היא עומד, ולא אפשר לשכל אנושי לצייר כל הנזכר על אמתיתם, ועל בוריין מפני כי שכל האנושי בהיותו עצור ומונח בגוף גשמיי, אי אפשר לי להשיג דבר רוחני, והוא זה דומה לאדם סומא מן הבטן שלא ראה מאורות מימיו, דודאי אי אפשר לו לצייר מראות השמש והירח הנראין לעיני הבריות, וכל שכן מה שיש למעלה למעלה.

וכן כתב ברב פעלים ח"א בסוד ישרים א' - סוף דבר הכל נשמע, ה' אחד ושמו אחד, ואין לו גוף ולא דמות הגוף, ואין לו שום ציור, ותמונה ודמיון כלל ועיקר, וגם כל העולמות וספירות הקדושים למעלה אין להם ציור ודמיון של גופים האלה כלל, ואין מי שיוכל לידע איך הוא עמידתם וסדרם, איך עומדים עולמות היושר ועולמות העיגולים, ואיך מתחברים זה עם זה, ואיך נמשך השפע מזה לזה, ואיך הוא תוארם ומראיהם, ואיך הוא מהות השפע המחיה אותם, ומקיים אותם, וכמה הוא שיעור אורכם וגובהן ורחבם, ואיך הם נכללים זה בזה, ומלבישים זה לזה, כי בכל זאת אין שום שכל אנושי יוכל לדעת, ולהבין, ולהשיג, כלל ועיקר.

הרב ז"ל כתב בשער אח"פ תחילת פ"א וז"ל - כבר ידעת כי אין בנו כח לעסוק קודם אצילות עשר ספירות, ולא לדמות שום דמיון וצורה כלל ח"ו, אך לשכך האזן, אנו צריכים לדבר דרך משל ודמיון, לכן אף אם נדבר במציאות ציור שם למעלה, אין הדבר רק לשכך האזן. אמנם דע כי עשר ספירות דאצילות הם שתי ענינים. האחד הוא התפשטות הרוחניות, והשני הוא כלים ואברים אשר העצמות מתפשט בהם. והנה צריך שיהיה לכל זה שורש למעלה לשתי בחינות אלו, ולכן צריכין אנו לדבר בסדר המדרגות מראש עד סוף, והנה נתחיל ונאמר כי הלא הא"ס ב"ה אין בו שום ציור כלל ח"ו כמבואר.

הרב ז"ל כתב בשער טנת"א פ"א - והנה אף על פי שאנו מכנים וקוראים כאן כנויים אלו כגון אדם ראש אזנים וכיוצא וכיוצא אינו רק לשכך האזן לשיובנו הדברים לכן אנו מכנים כנויים אלו במקום גבוה, עד כאן לשונו.

וכן הרמ"ק בפרדס רימונים ש"ו פ"א - וציירו להם המקובלים צורות ביריעות גדולות וקראום אילן. הרב ז"ל כתב בסוף ש"ה פ"ד וז"ל - ואמנם דבר גלוי הוא כי אין למעלה גוף ולא כח גוף חלילה. וכל הדמיונות והציורים אלו לא מפני שהם כך חס ושלום. אמנם לשכך את האוזן לכשיוכל האדם להבין הדברים העליונים הרוחניים בלתי נתפסים ונרשמים בשכל האנושי, לכן ניתן רשות לדבר בבחינת ציורים ודמיונים, כאשר הוא פשוט בכל ספרי הזוהר. וגם בפסוקי התורה עצמה כולם כאחד עונים ואומרים בדבר הזה כמו שאמר הכתוב עיני ה' המה משוטטים בכל הארץ. עיני ה' אל צדיקים. וישמע ה'. וירח ה'. וידבר ה'. וכאלה רבות וגדולה מכולם מה שאמר הכתוב ויברא אלהים את האדם בצלמו בצלם אלהים ברא אותו זכר ונקבה וגו'. ואם התורה עצמה דברה כך גם אנחנו נוכל לדבר כלשון הזה, עם היות שפשוט הוא שאין שם למעלה אלא אורות דקים, בתכלית הרוחניות, בלתי נתפשים שם כלל, וכמו שאמר הכתוב כי לא ראיתם כל תמונה, וכאלה רבות.

ואמנם יש עוד דרך אחרת כדי להמשיך ולצייר בה הדברים העליונים, והם בחינת כתיבת צורת אותיות, כי כל אות ואות מורה על אור פרטי עליון, וגם תמונת זו דבר פשוט הוא כי אין למעלה לא אות, ולא נקודה, וגם זה דרך משל וציור לשכך את האזן כנזכר. ולכן נבאר עתה הקדמה הנזכר על דרך ציור האותיות גם כן ובבחינת ציורים אלו, הן ציור האדם, והן ציור אותיות, שתיהן מוכרחים להבין ענין האורות העליונים, כאשר תראה ספרי הזוהר בנויים על שתי בחינות הציורים האלה, עד כאן לא.

ולכן גם אנחנו הרשינו לעצמינו לצייר ציורים, תרשימים וטבלאות, אך ורק כדי לשכך את האוזן, ולשבר את העין, כדי להבין את הסוגייה.

אח"י

סדר שמות שמות ההיכלות והשערים בעץ חיים

שם היכל	שער	שם השער	פרקים														
			א	ב	ג	ד	ה	ו	ז	ח	ט	י	יא	יב	יג	יד	טו
אדם קדמון	א	עיגולים ויושר	א	ב	ג	ד	ה										
	ב	השתלשלות י"ס דרך עגו'	א	ב	ג												
	ג	סדר אצילות למהרח"ו	א	ב	ג												
	ד	אח"פ	א	ב	ג	ד	ה										
	ה	טנת"א	א	ב	ג	ד	ה	ו	ז								
	ו	**עקרדים**	א	ב	ג	ד	ה	ו	ז	ח							
	ז	מטי ולא מטי	א	ב	ג	ד	ה										
נקודים	ח	דרושי נקודות	א	ב	ג	ד	ה	ו									
	ט	שבירת הכלים	א	ב	ג	ד	ה	ו	ז	ח							
	י	תיקון	א	ב	ג	ד	ה										
	יא	מלכים	א	ב	ג	ד	ה	ו	ז	ח	ט	י					
הכתרים	יב	עתיק	א	ב	ג	ד	ה										
	יג	א"א	א	ב	ג	ד	ה	ו	ז	ח	ט	י	יא	יב	יג	יד	
או"א	יד	או"א	א	ב	ג	ד	ה	ו	ז	ח	ט	י					
	טו	זווגים	א	ב	ג	ד	ה	ו									
	טז	הולדת או"א וזו"ן	א	ב	ג	ד	ה	ו	ז								
ז"א	יז	ז"א	א	ב	ג	ד											
	יח	רפ"ח נצוצין	א	ב	ג	ד	ה	ו									
	יט	אנ"ך	א	ב	ג	ד	ה	ו	ז	ח	ט	י					
	כ	המוחין	א	ב	ג	ד	ה	ו	ז	ח	ט	י	יא	יב			
	כא	לידת המוחין	א	ב	ג												
	כב	מוחין דקטנות	א	ב	ג												
	כג	מוחין דצלם	א	ב	ג	ד	ה	ו	ז	ח							
	כד	פרקי הצלם	א	ב	ג	ד	ה	ו	ז								
	כה	דרושי הצלם	א	ב	ג	ד	ה	ו	ז	ח							
	כו	צלם	א	ב	ג	ד											
	כז	פרטי עי"מ	א	ב	ג	ד											
	כח	עיבורים	א	ב	ג	ד	ה										
	כט	נסירה	א	ב	ג	ד	ה	ו	ז	ח	ט						
	ל	פרצופים	א	ב	ג	ד	ה	ו	ז								
	לא	פרצופי זו"ן	א	ב	ג	ד	ה										
	לב	הארת המוחין	א	ב	ג	ד	ה	ו	ז	ח	ט						
	לג	אונאה	א	ב	ג	ד	ה										
נוק' דז"א	לד	תיקון הנוקבא	א	ב	ג	ד	ה	ו	ז								
	לה	הירח	א	ב	ג	ד	ה										
	לו	מיעוט הירח	א	ב	ג	ד											
	לז	יעקב ולאה	א	ב	ג	ד	ה										
	לח	לאה ורחל	א	ב	ג	ד	ה	ו	ז	ח	ט						
	לט	מ"ן ומ"ד	א	ב	ג	ד	ה	ו	ז	ח	ט	י	יא	יב	יג	יד	טו
	מ	פנימיות וחצוניות	א	ב	ג	ד	ה	ו	ז	ח	ט	י	יא	יב	יג	יד	טו
	מא	חשמל	א	ב	ג												
אבי"ע	מב-א	דרושי אבי"ע	א	ב	ג	ד	ה	ו	ז	ח	ט	י	יא	יב			
	מב-ב	כללות אבי"ע	א	ב	ג	ד											
	מג	ציור עולמות אבי"ע	א	ב	ג	ד											
	מד	שמות	א	ב	ג	ד	ה	ו	ז								
	מה	מקיפין	א	ב	ג	ד											
	מו	כסא הכבוד	א	ב	ג	ד	ה	ו									
	מז	סדר אבי"ע	א	ב	ג	ד	ה	ו									
	מח	קליפות	א	ב	ג	ד											
	מט	קליפת נוגה	א	ב	ג	ד	ה	ו	ז	ח	ט						
	נ	קיצור אבי"ע	א	ב	ג	ד	ה	ו	ז	ח	ט	י					

טבלת ערכים

עשיה	יצירה	בריאה	אצילות	אדם קדמון	עולמות
נוקבא	ז"א	אמא	אבא	ע"י וא"א	פרצופים
מלכות	חג"ת נה"י	בינה	חכמה	כתר	ספירות
ה	ו	ה	י	קוץ של י'	הוי"ה
נפש	רוח	נשמה	חיה	יחידה	אורות
ב"ן - יוד הה ור הה	מ"ה - יוד הא ואו הא	ס"ג - יוד הי ואו הי	ע"ב - יוד הי ויו הי	שורש הוי"ה	מלוי
אותיות	תגין	נקודות	טעמים	שורשים	טנת"א
אין ניקוד	סגול, שורק, חולם חיריק, קבוץ, שורוק	צרי	פתח	קמץ	נקודות
עטרת היסוד	גוף וברית	מוח שמאל	מוח ימין	גולגולתא	אדם
כבד	לב	מוח	ל - מקיף, חיה	מ - מקיף, יחידה	מל"ץ
היכל	לבוש	גוף	נשמה	שורש	שבנגל"ה
יער"ר	זו"ן	ישסו"ת	או"א עלאין	עו"ן אאו"ן	י"ב פרצופים
כלים	לבושים	צלמים	מוחין	אורות	כל צמא
עור	בשר	גידין	עצמות	מוח	אברים
דיבור	ריח	שמיעה	ראיה	מוח	חושים
חושך	מלאכים	נשמות	ספירות	א"ס	מחצבים
צ' כבד	צ' לב	צ' מוח	ל' מקיף א'	מ' מקיף ב'	צלם
דומם	צומח	חי	מדבר	אלוקות	דחצ"מ
עפר	רוח	אש	מים	יולי	יסודות
וילון	מכון, מעון, זבול שחקים, רקיע	ערבות	ערבות	ערבות	רקיעים
לבנה	ככבים	מזלות	גלגל היומי	גלגל השכל	גלגלים
לבנת הספיר	אהבה, זכות, רצון, עצם השמים, לבנת הספיר	קודש קודשים	קודש קודשים	קודש קודשים	היכלות
כו - וד ה ו ה	יט - וד א או א	יז - וד י או י	מו - וד י יו י		מלוי הוי"ה
קנ"א - אלף הה יוד הה	קמ"ג - אלף הא יוד הא	קס"א - אלף הי יוד הי	קס"א - אלף הי יוד הי		אהי"ה

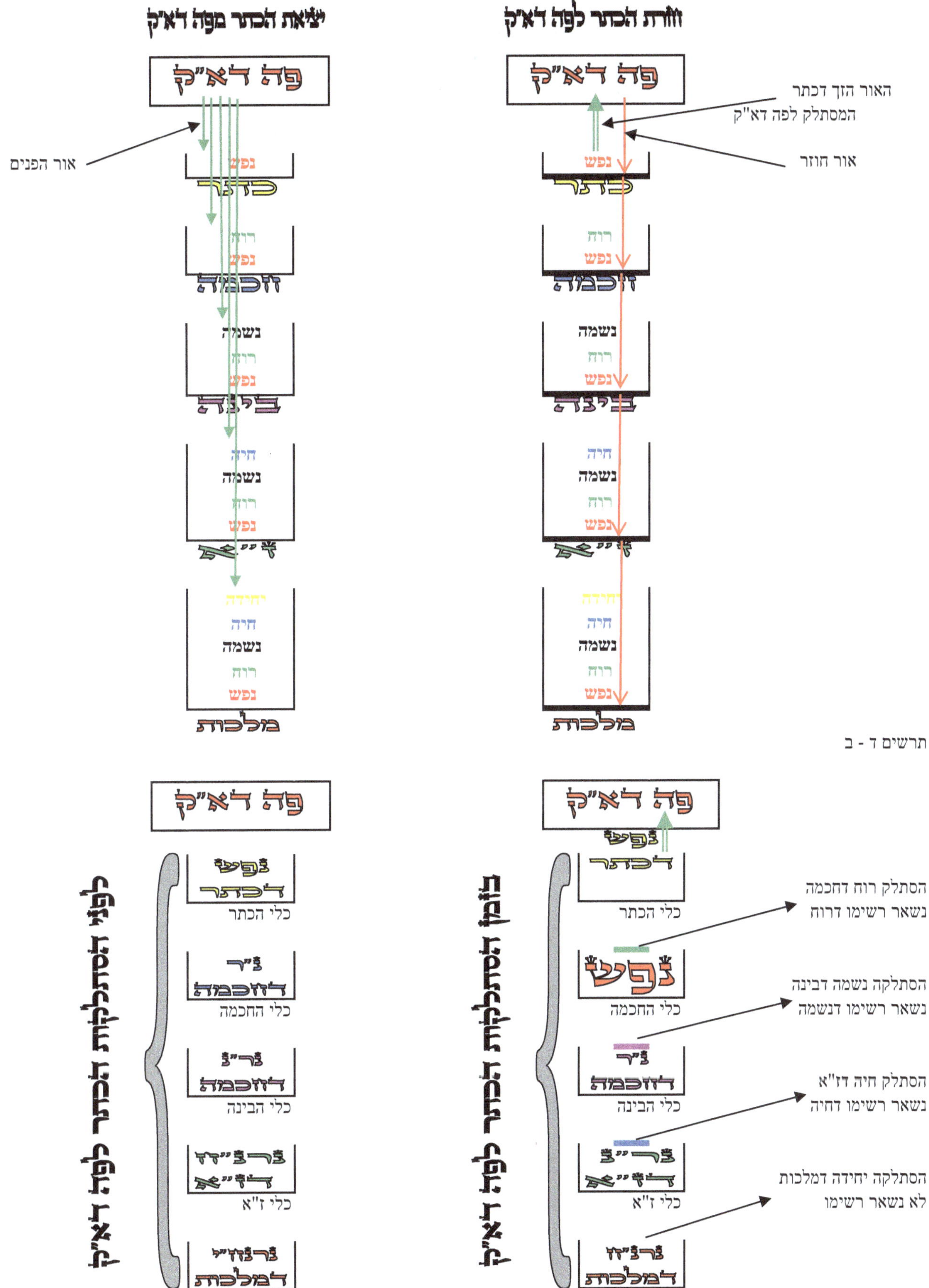
תרשים ד - א
יציאת הכתר מפה דא"ק
חזרת הכתר לפה דא"ק
פה דא"ק
פה דא"ק
אור הפנים
האור הזך דכתר המסתלק לפה דא"ק
אור חוזר
נפש
כתר
רוח
נפש
חכמה
בשמה
רוח
נפש
בינה
חיה
נשמה
רוח
נפש
ז"א
יחידה
חיה
נשמה
רוח
נפש
מלכות
נפש
כתר
רוח
נפש
חכמה
בשמה
רוח
נפש
בינה
חיה
נשמה
רוח
נפש
ז"א
יחידה
חיה
נשמה
רוח
נפש
מלכות
תרשים ד - ב
פה דא"ק
פה דא"ק
נפש
דכתר
כלי הכתר
נ"ר
דחכמה
כלי החכמה
נר"נ
דחכמה
כלי הבינה
נרנח"י
דז"א
כלי ז"א
נרנח"י
דמלכות
כלי המלכות
נפש
דכתר
כלי הכתר
נפש
כלי החכמה
נ"ר
דחכמה
כלי הבינה
נר"נ
דז"א
כלי ז"א
נרנח"י
דמלכות
כלי המלכות
הסתלק רוח דחכמה נשאר רשימו דרוח
הסתלקה נשמה דבינה נשאר רשימו דנשמה
הסתלק חיה דז"א נשאר רשימו דחיה
הסתלקה יחידה דמלכות לא נשאר רשימו

תרשים ד - ג

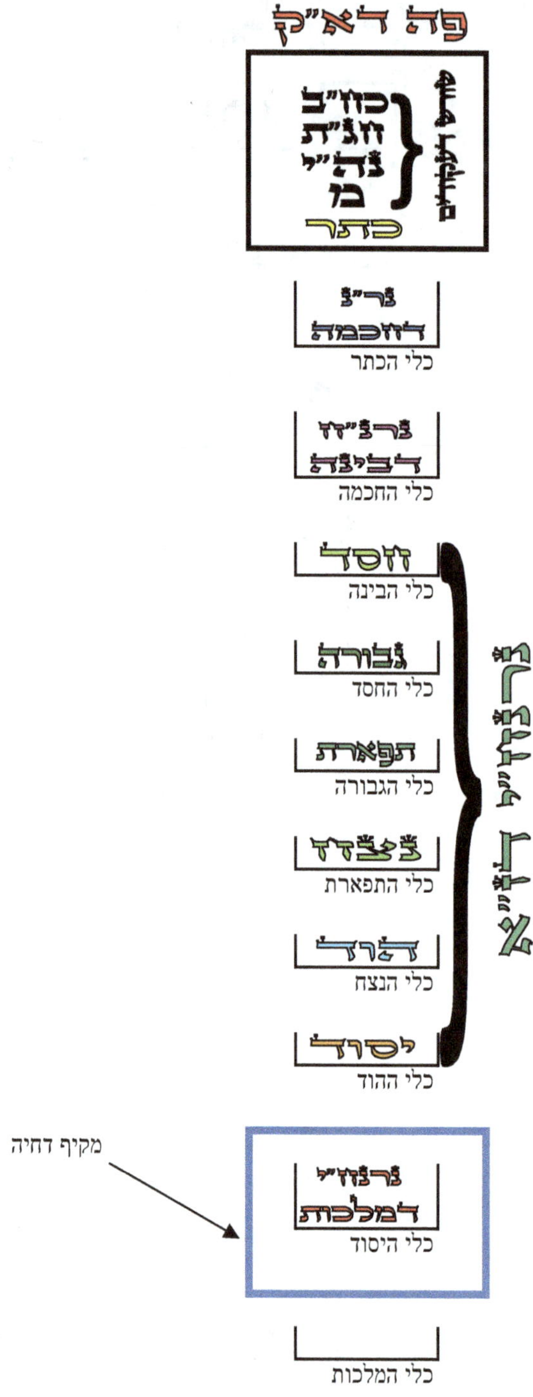

הכתר היה בחינת נפש, ועלה למאציל להשתלם.

החכמה היתה בחינת נ"ר, ועלתה למקום הכתר, וקבלה את בחינת אור הנשמה הפנימי.

הבינה היתה בחינת נר"נ, ועלתה למקום החכמה, וקבלה את בחינת אור החיה הפנימי.

ז"א היה בבחינת נרנ"ח, ועלה)כל קצה למדרגה יותר גבוהה, כאשר היסוד עלה למקום הבינה(,

וקיבל את אור היחידה הפנימי.

המלכות היתה בבחינת נרנח"י, ועלתה למקום היסוד, וקיבלה את המקיף דחיה.

יציאת אורות העקודים מפה דא"ק

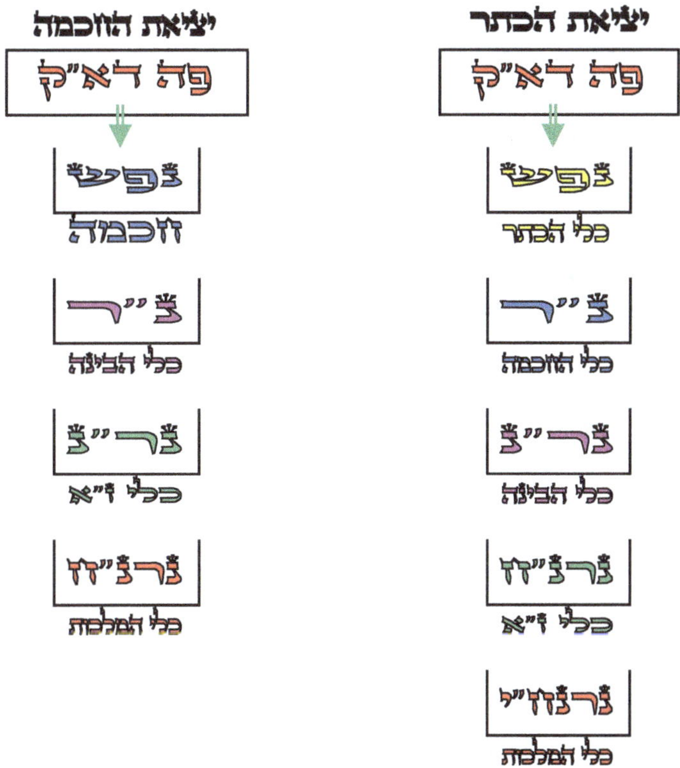

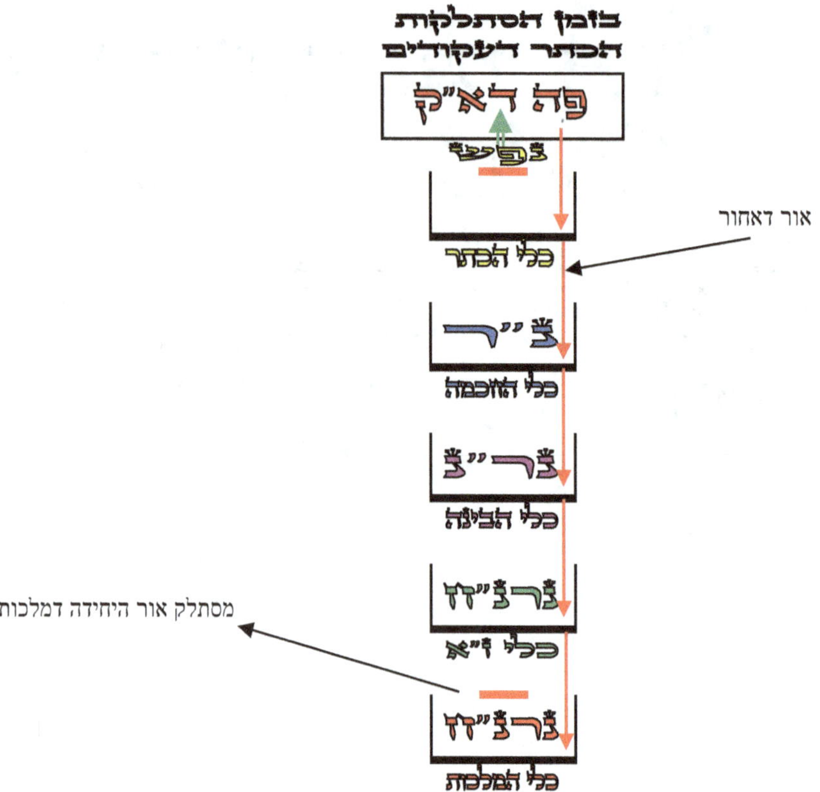

בזמן הסתלקות הכתר דעקודים
פה דא"ק
נפעש
אור דאחור
כלי הכתר
צ"ר
כלי החכמה
צר"ץ
כלי הבינה
צרצ"ז
כלי ז"א
מסתלק אור היחידה דמלכות
צרצ"ז
כלי המלכות

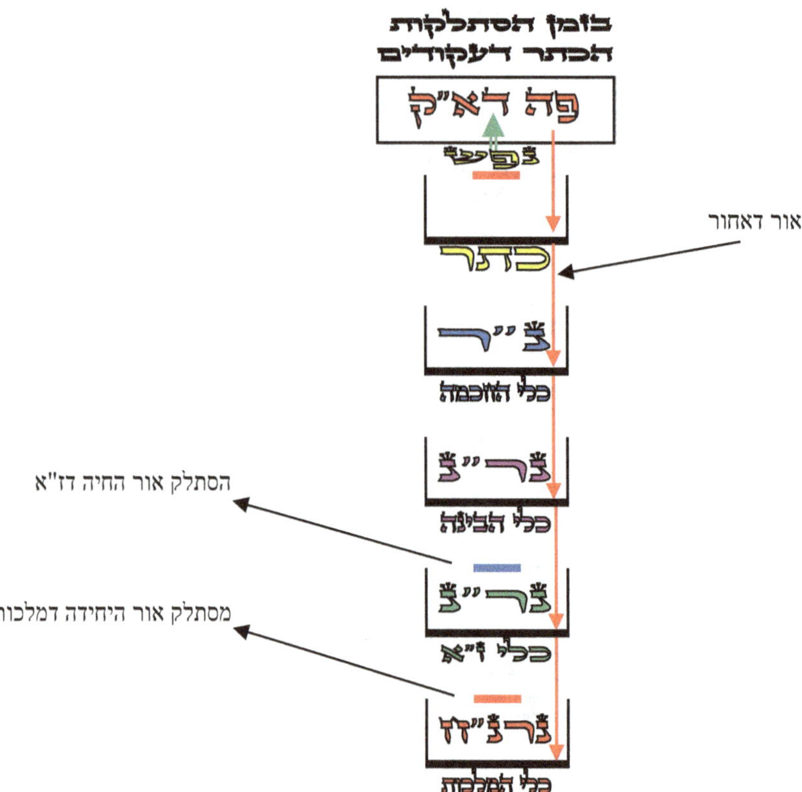

בזמן הסתלקות הכתר דעקודים
פה דא"ק
נפעש
אור דאחור
כתר
צ"ר
כלי החכמה
צר"ץ
הסתלק אור החיה דז"א
כלי הבינה
צר"ץ
מסתלק אור היחידה דמלכות
כלי ז"א
צרצ"ז
כלי המלכות

תרשים ד - ז

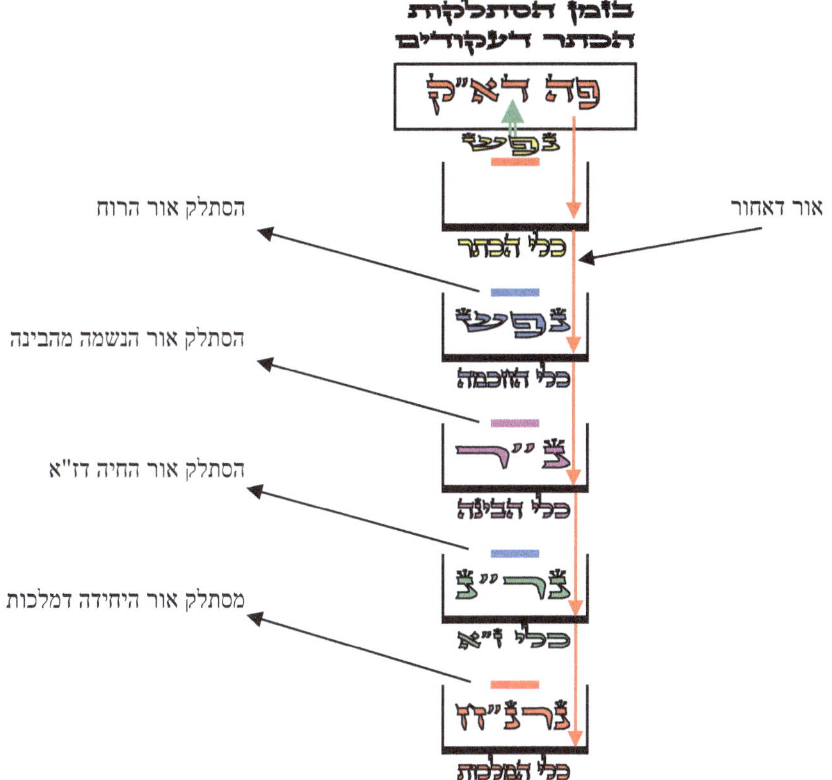

תרשים ד - ח

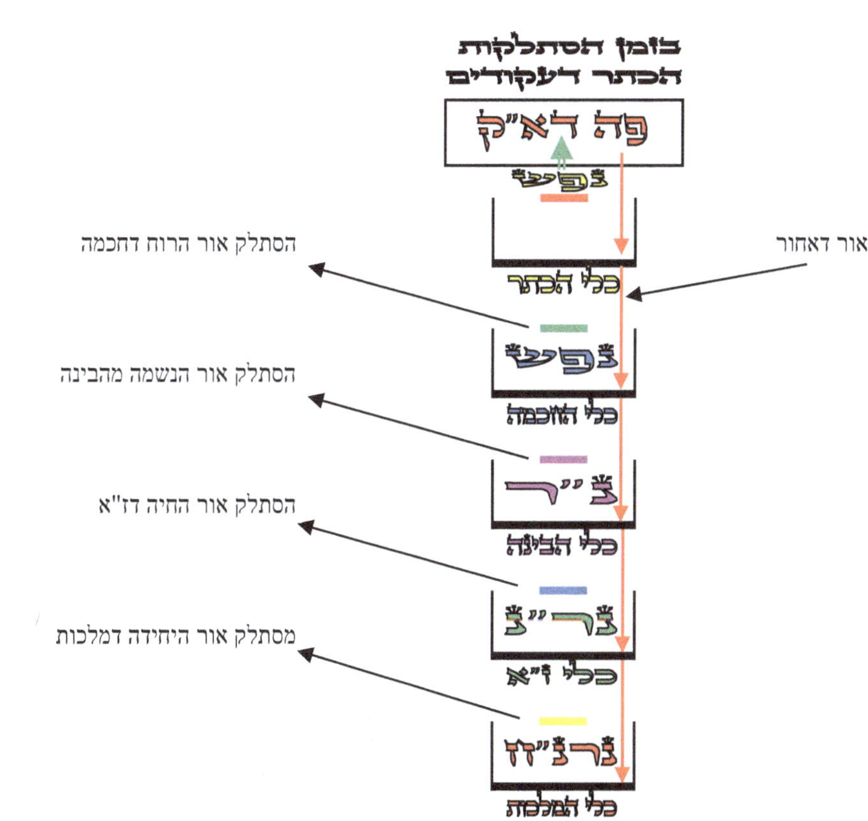

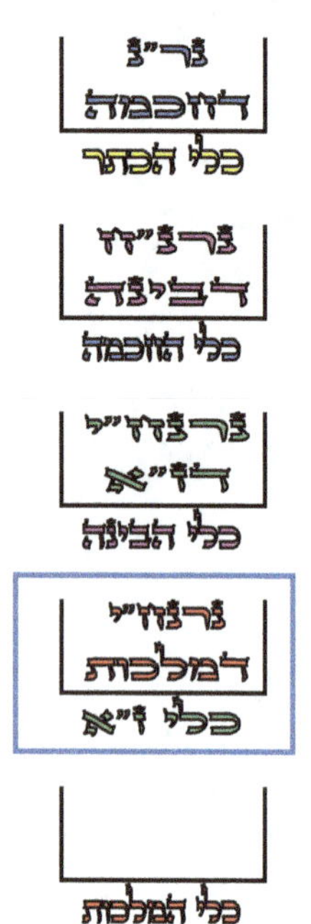
העלמות הכתר
בפה דא"ק
פה דא"ק
אור הכתר
ע"ב
דחכמה
כלי הכתר
ס"ג
דבינה
כלי החכמה
מ"ה
דז"א
כלי הבינה
ב"ן
דמלכות
כלי ז"א
כלי המלכות

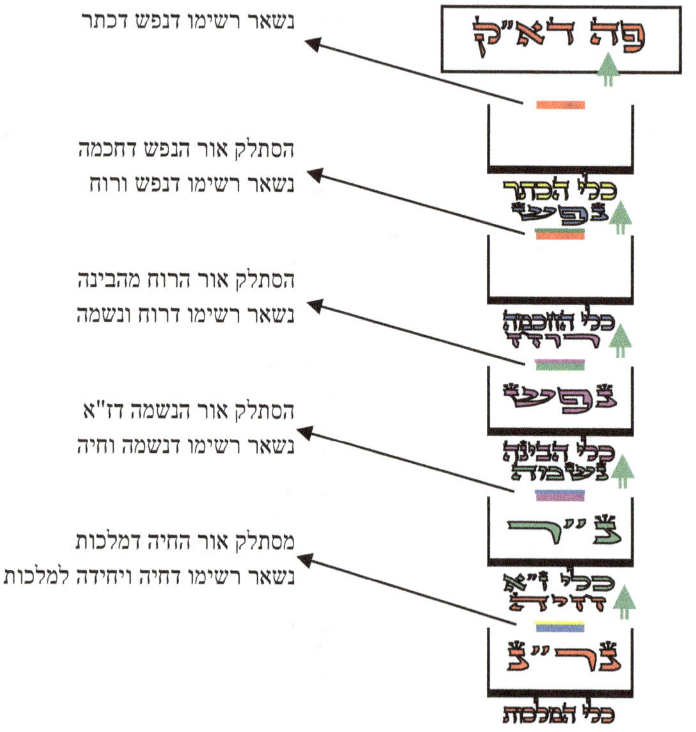
בזמן הסתלקות החכמה
לכתר, והכתר למאציל
פה דא"ק
נשאר רשימו דנפש דכתר
הסתלק אור הנפש דחכמה
נשאר רשימו דנפש ורוח
כלי הכתר
ע"ב
הסתלק אור הרוח מהבינה
נשאר רשימו דרוח ונשמה
כלי החכמה
ס"ג
מ"ה
הסתלק אור הנשמה דז"א
נשאר רשימו דנשמה וחיה
כלי הבינה
מ"ה
ב"ן
מסתלק אור החיה דמלכות
נשאר רשימו דחיה ויחידה למלכות
כלי ז"א
ב"ן
כלי המלכות

בזמן הסתלקות הבינה לחכמה, והחכמה לכתר, והכתר למאציל

בזמן הסתלקות ז"א לבינה, והבינה לחכמה, והחכמה לכתר, והכתר למאציל

תרשים ד - י"ג

בזמן הסתלקות המלכות דז"א, וז"א לבינה, והבינה לחכמה, והחכמה לכתר, והכתר למאציל

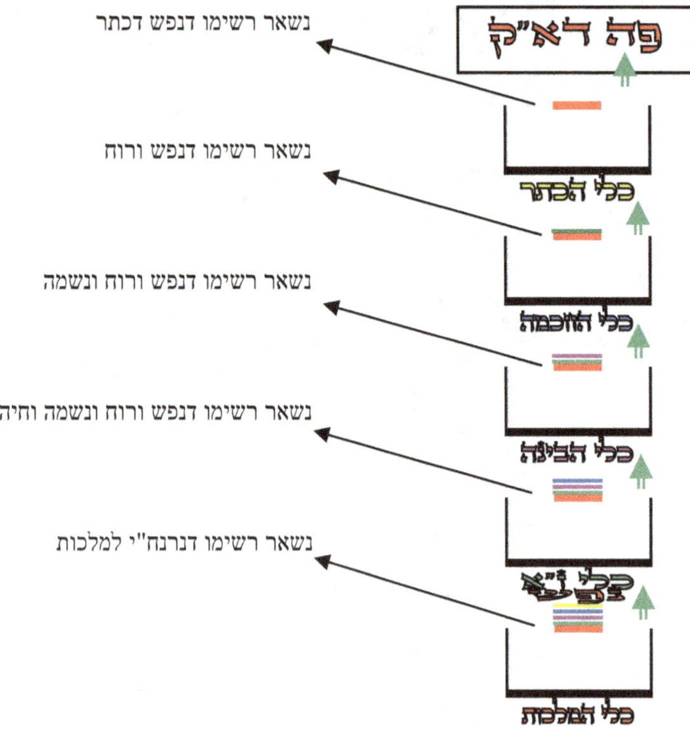

תרשים ד - י"ד

הערלמות הכתר בפה דא"ק וכניסת אורות החכמה לכתר

אור הכתר נעלם בפה דא"ק

אורות נ"ר דחכמה עלו לכתר, והחכמה קיבלה תספת אור הנשמה

אורות נר"ן דבינה עלו לחכמה, והבינה קיבלה תוספת אור החיה

אורות נרנ"ח דז"א עלו לבינה, וז"א קיבל תוספת אור היחידה

מקיף דחיה

יסוד דז"א

אורות נרנח"י דמלכות עלו ליסו דז"א, וקיבלה המלכות מקיף דחיה

כלי הכתר נשאר רק מאור ורשימו

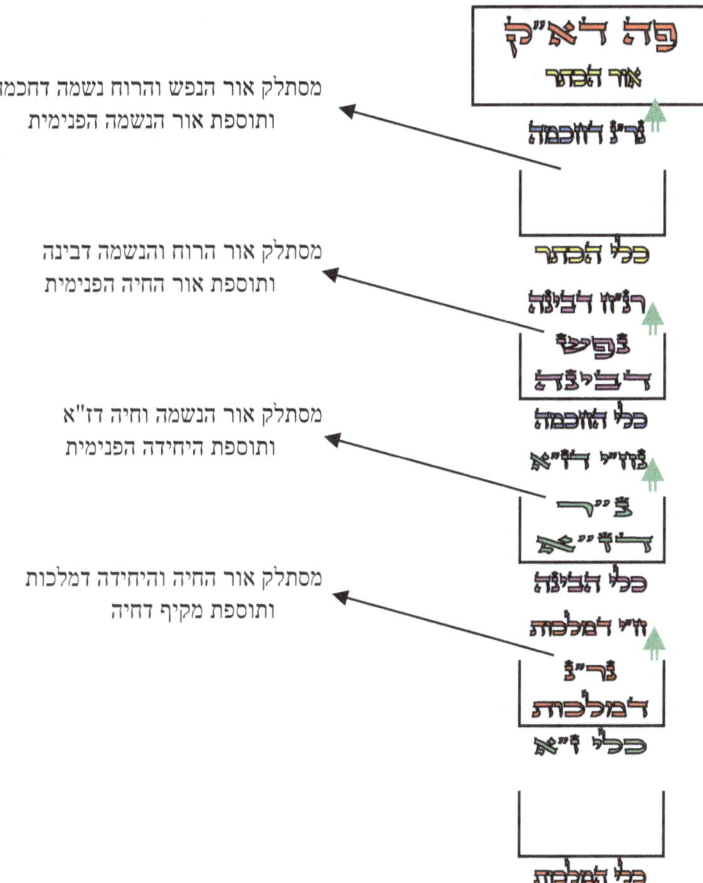

מסתלק אור הנפש והרוח נשמה דחכמה
ותוספת אור הנשמה הפנימית

מסתלק אור הרוח והנשמה דבינה
ותוספת אור החיה הפנימית

מסתלק אור הנשמה וחיה דז"א
ותוספת היחידה הפנימית

מסתלק אור החיה והיחידה דמלכות
ותוספת מקיף דחיה

בכל בחינה ובחינה
נשארים אורות הרשימו

בזמן הסתלקות הבינה לכללי הכתר
והחכמה למאציל
פה דא"ק
אור הכתר
כלי הכתר
נפש דבינה
מסתלק אור הנפש דבינה
כלי החכמה
רוח דז"א
נפש דז"א
כלי הבינה
נשמה דמלכות
מסתלק אור הרוח דז"א
נ"ר דמלכות
כלי ז"א
מסתלק אור הנשמה דמלכות
כלי המלכות
בכל בחינה ובחינה
נשארים אורות הרשימו

בזמן הסתלקות ז"א לכלי החכמה
והבינה לכתר, והחכמה למאציל
פה דא"ק
אור הכתר
בכל בחינה ובחינה
נשארים אורות הרשימו
כלי הכתר
כלי החכמה
נפש דז"א
מסתלק אור הנפש דז"א
כלי הבינה
רוח דמלכות
נפש
דמלכות
כלי ז"א
מסתלק אור הנשמה דמלכות
כלי המלכות

בזמן הסתלקות המלכות לז"א
(לחור דז"א), וז"א לכלי החכמה
והבינה לכתר, והחכמה למאציל

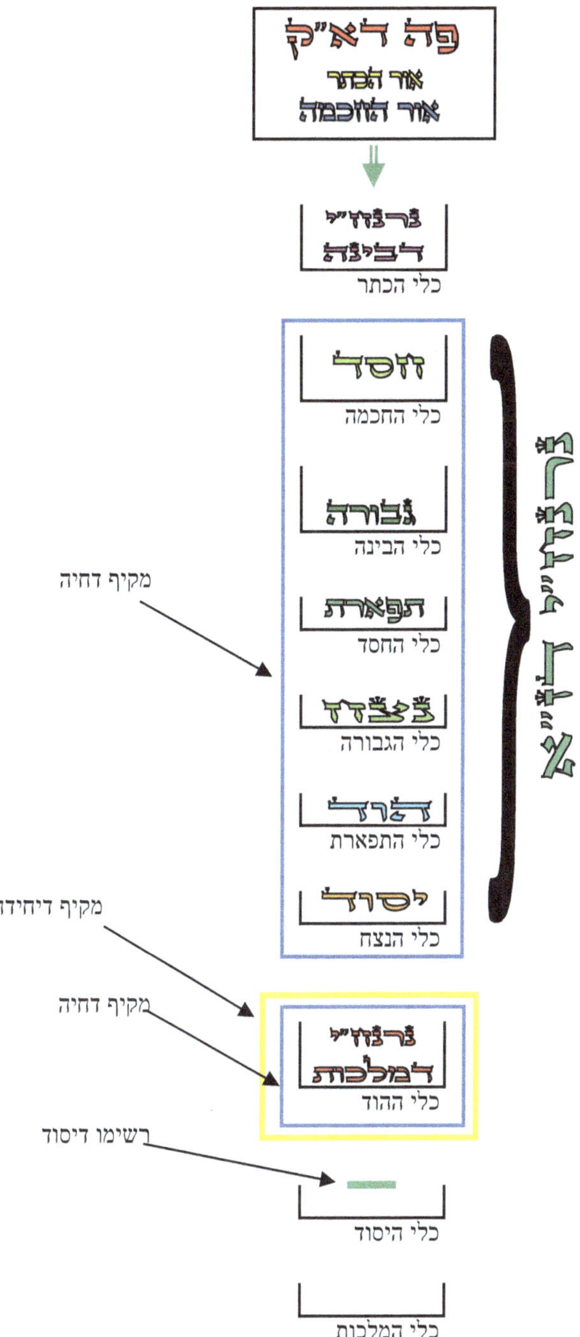

אור הכתר והחכמה נעלמו במאציל להשתלם.

לבינה הוחזר כל הבחינות דנרנ"ח, והתוסף לה אור היחידה הפנימית

לז"א הוחזרו כל הבחינות דנרנח"י, והתוסף לו מקיף דחיה

למלכות הוחזרו כל בחינות הנרנח"י הפנימיים ומקיף דחיה, ונתוסף לה מקיף גיחידה

בזמן הסתלקות
הבינה דעקודים למאציל

פה דא"ק
אור הכתר
אור החכמה

בכל בחינה ובחינה
נשארים אורות הרשימו

כתר דבינה

מסתלקים כל אורות הנרנח"י הפנימים

כלי הכתר
רוח דז"א
נפש
דז"א

מסתלק מז"א אור הרוח שקיבל מהבינה
ותוספת אורות נח"י ומקיף דחיה

כלי החכמה
נשמה דמלכות

מסתלק מהמלכות אור הנשמה שקיבלה מהבינה
ותוספת אורות נח"י וב' מקיפין דחיה ויחידה

נפש ורוח
דמלכות
כלי הבינה

כלי ז"א

כלי המלכות

בזמן הסתלקות ז"א לכתר
והבינה דעקודים למאציל

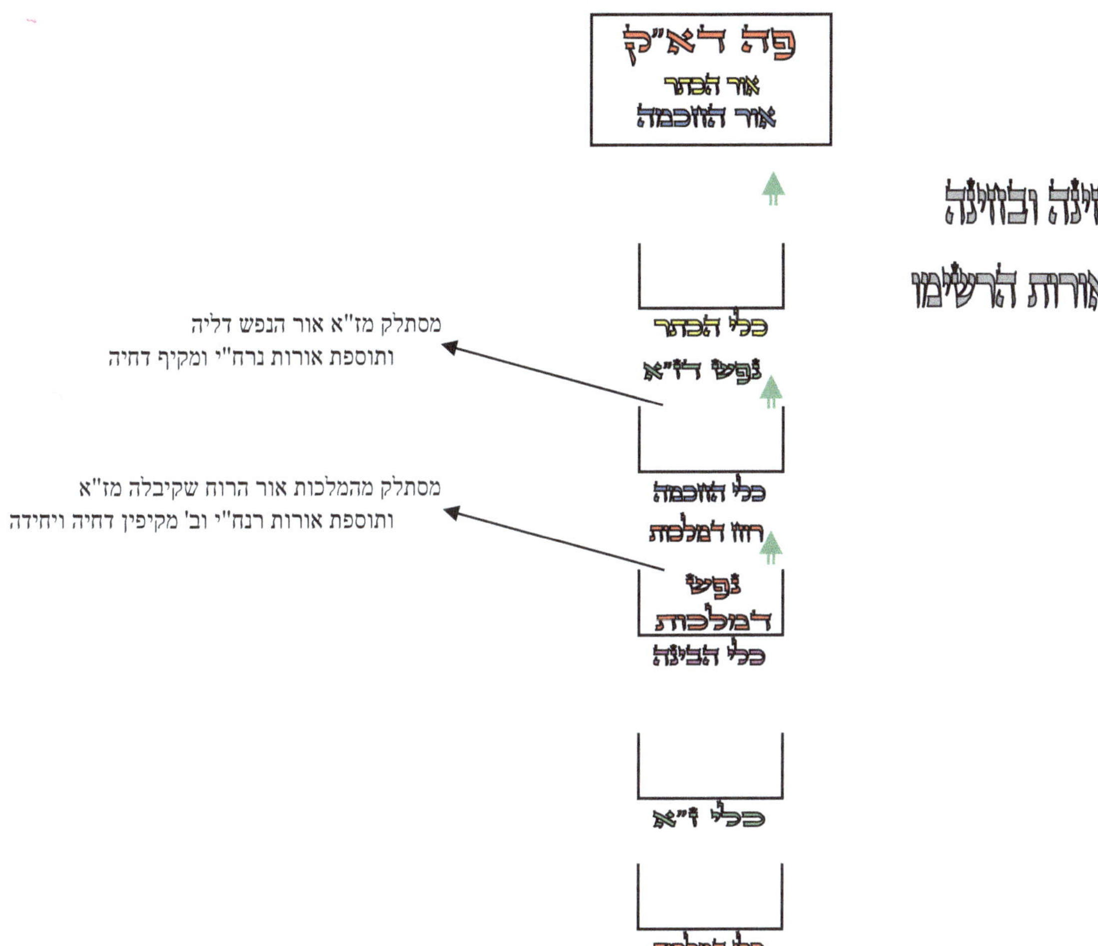

בזמן הסתלקות המלכות, וח"א לכתר
והבינה דעקודים למאציל

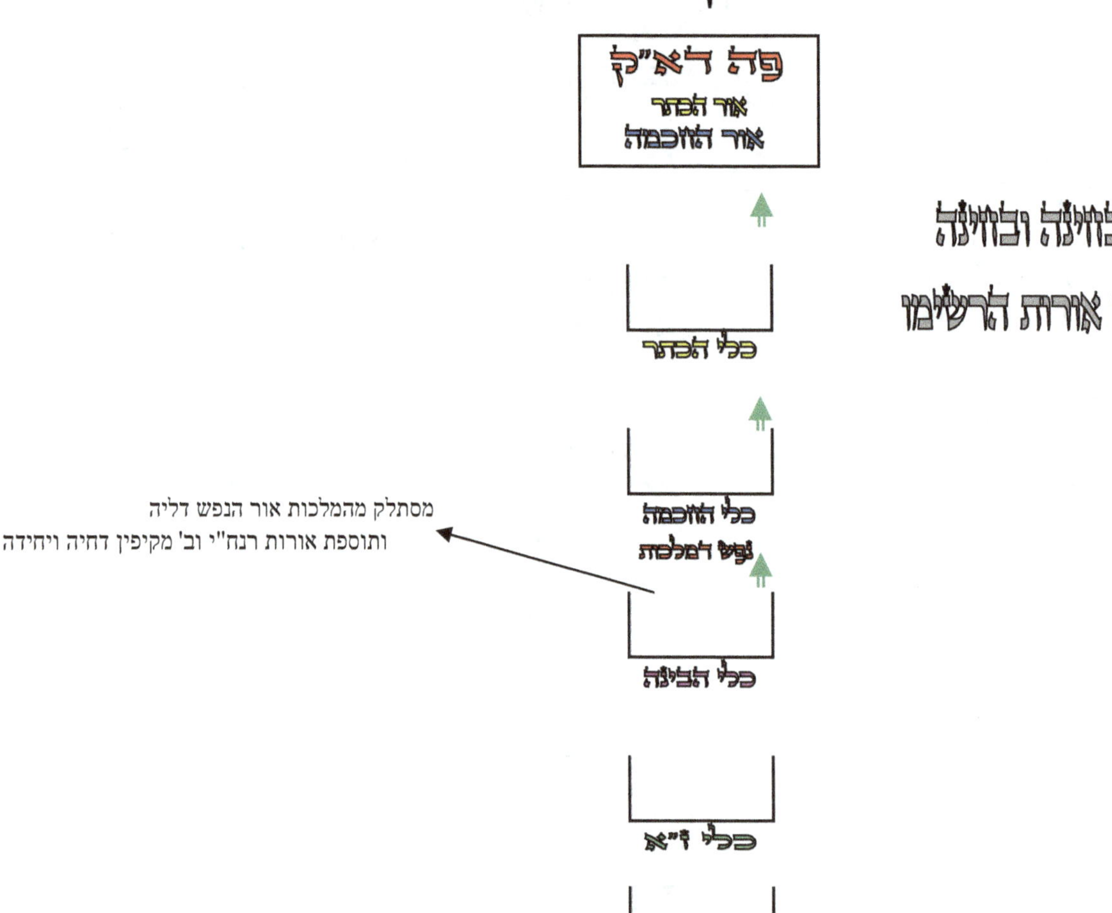

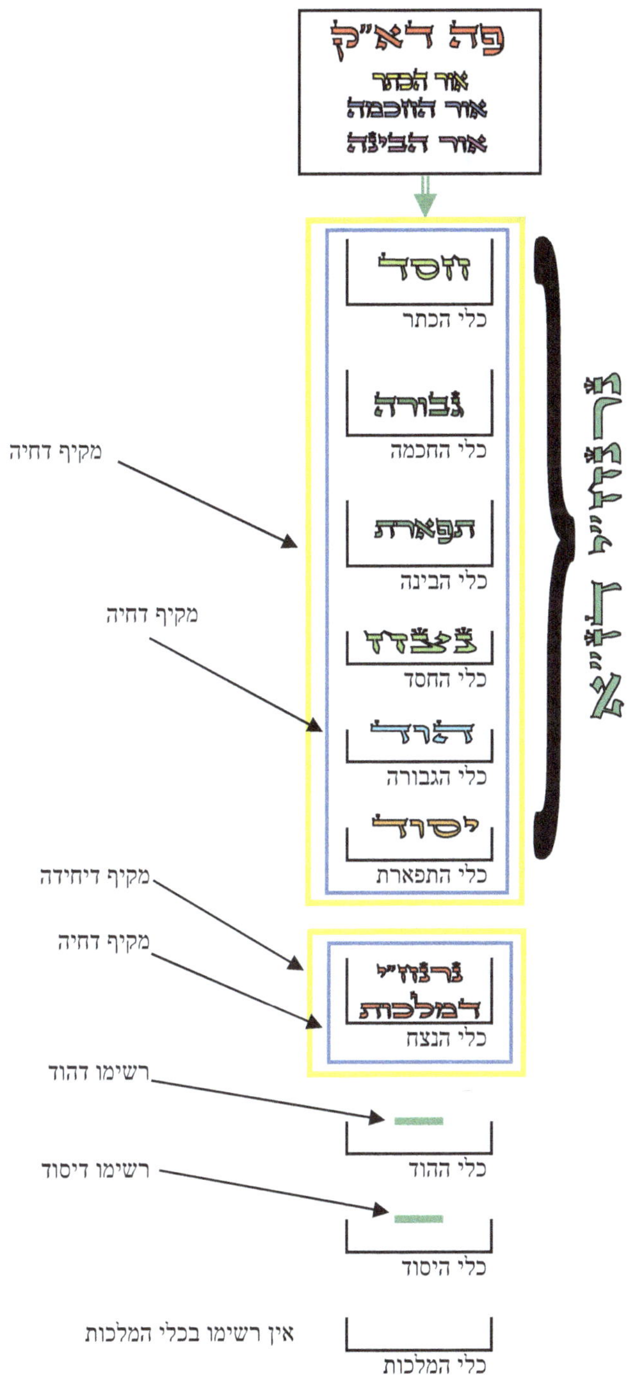

אור הכתר והחכמה ובינה נעלמו במאציל להשתלם.

לז"א הוחזרו כל הבחינות דנרנח"י ומקיף דחיה, והתוסף לו מקיף דיחידה.

למלכות הוחזרו כל בחינות הנרנח"י הפנימיים ומקיף דחיה ויחידה, ולא נתוסף לה אורות אחרים.

בזמן הסתלקות ז"א דעקודים למאציל

מסתלקים כל אורות הנרנח"י הפנימים
והאורות המקיפין

מסתלק מהמלכות אור הרוח שקיבל מז"א
ותוספת אורות נח"י ומקיף דחיה ויחידה

בכל בוינה ובוינה
נשארים אורות הרשימו

בזמן הסתלקות המלכות
וז"א דעקודים למאציל

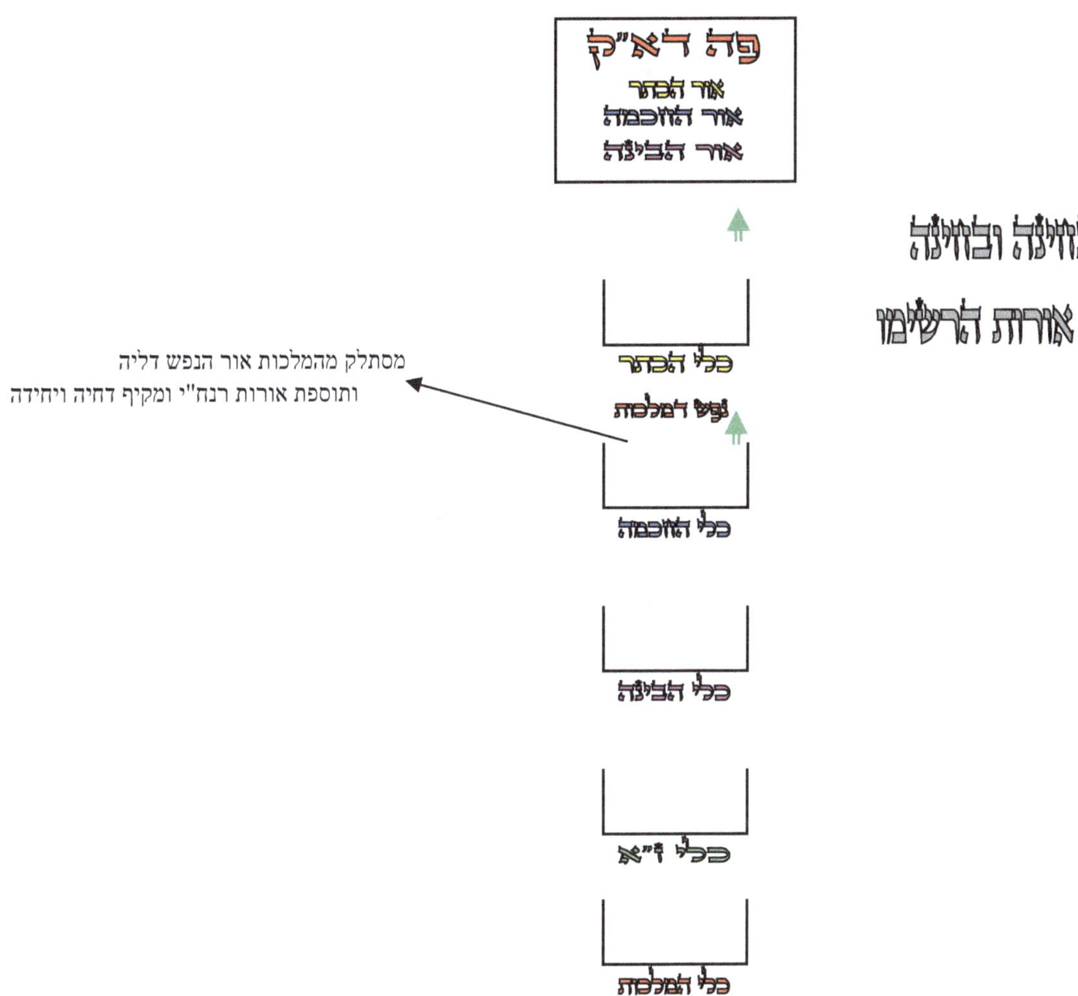

תרשים ד - כ"ו

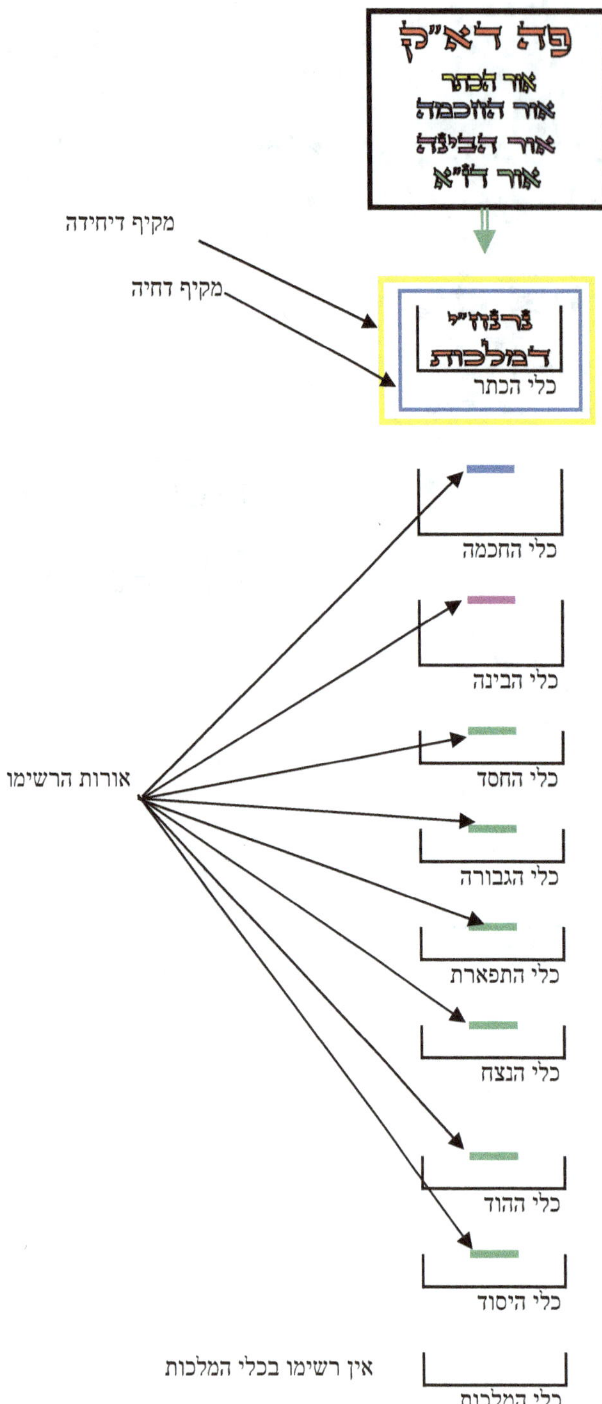

אור הכתר והחכמה ובינה וז"א נעלמו במאציל להשתלם.

למלכות הוחזרו כל בחינות הנרנח"י הפנימיים ומקיף דחיה ויחידה, ולא נתוסף לה אורות אחרים.

הסתלקות מלכות
דעקודים למאציל

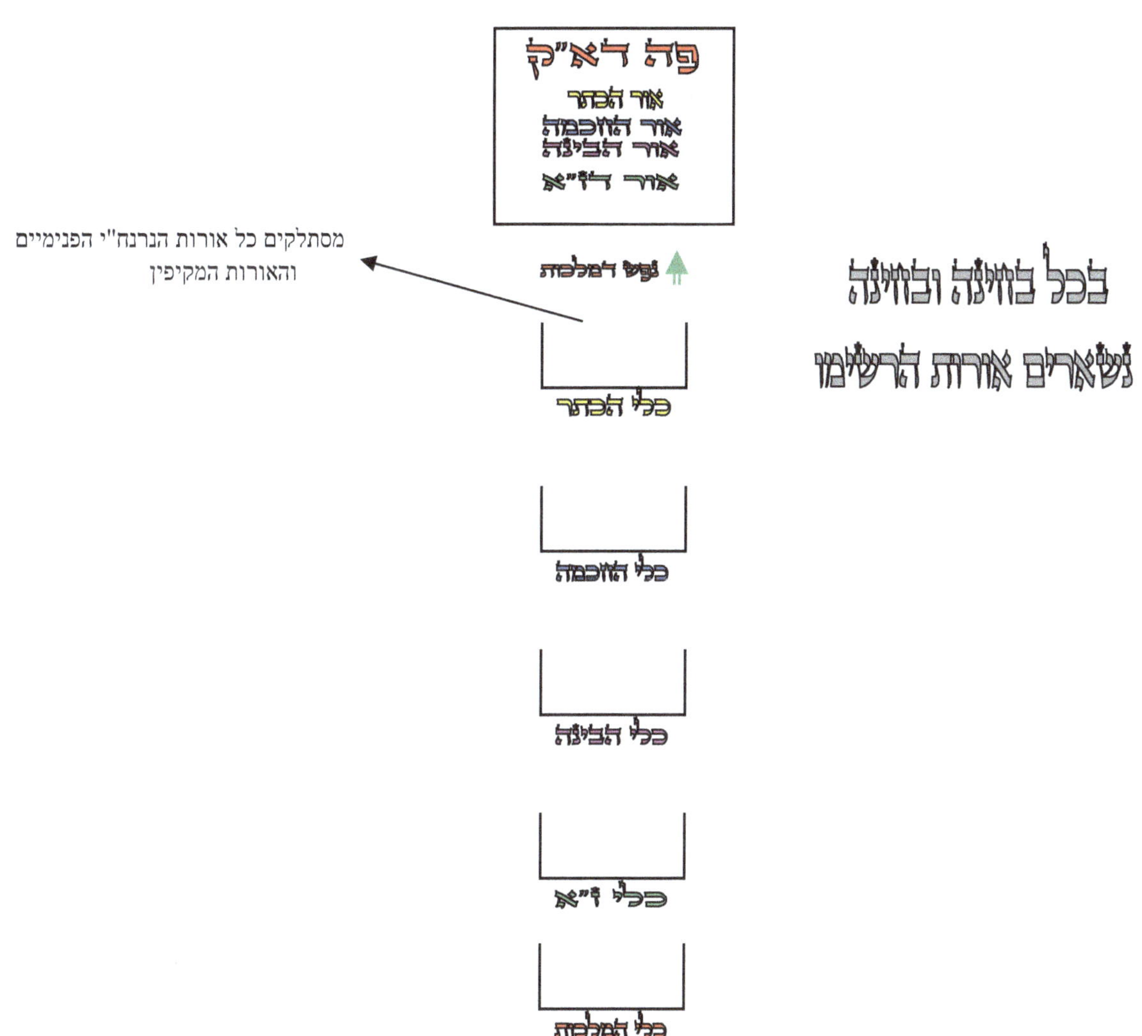

תרשים ד - כ"ח

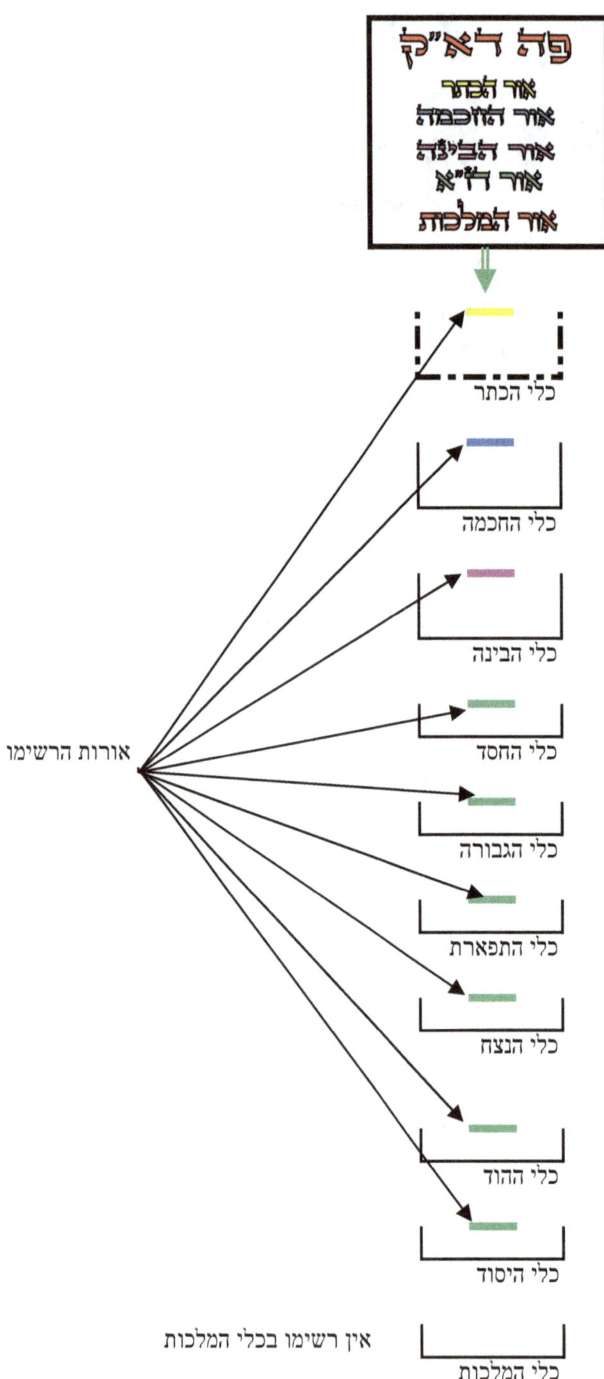

אור הכתר והחכמה ובינה וז''א והמלכות נעלמו במאציל להשתלם.

למלכות אין אור דרשימו, רבל יש לה כלי. חכל שאר הספירות יש כלי ורשימו, ולכתר יש רשימו בלי בחינת כלי